一九八五年夏日
堅淨翁啟功

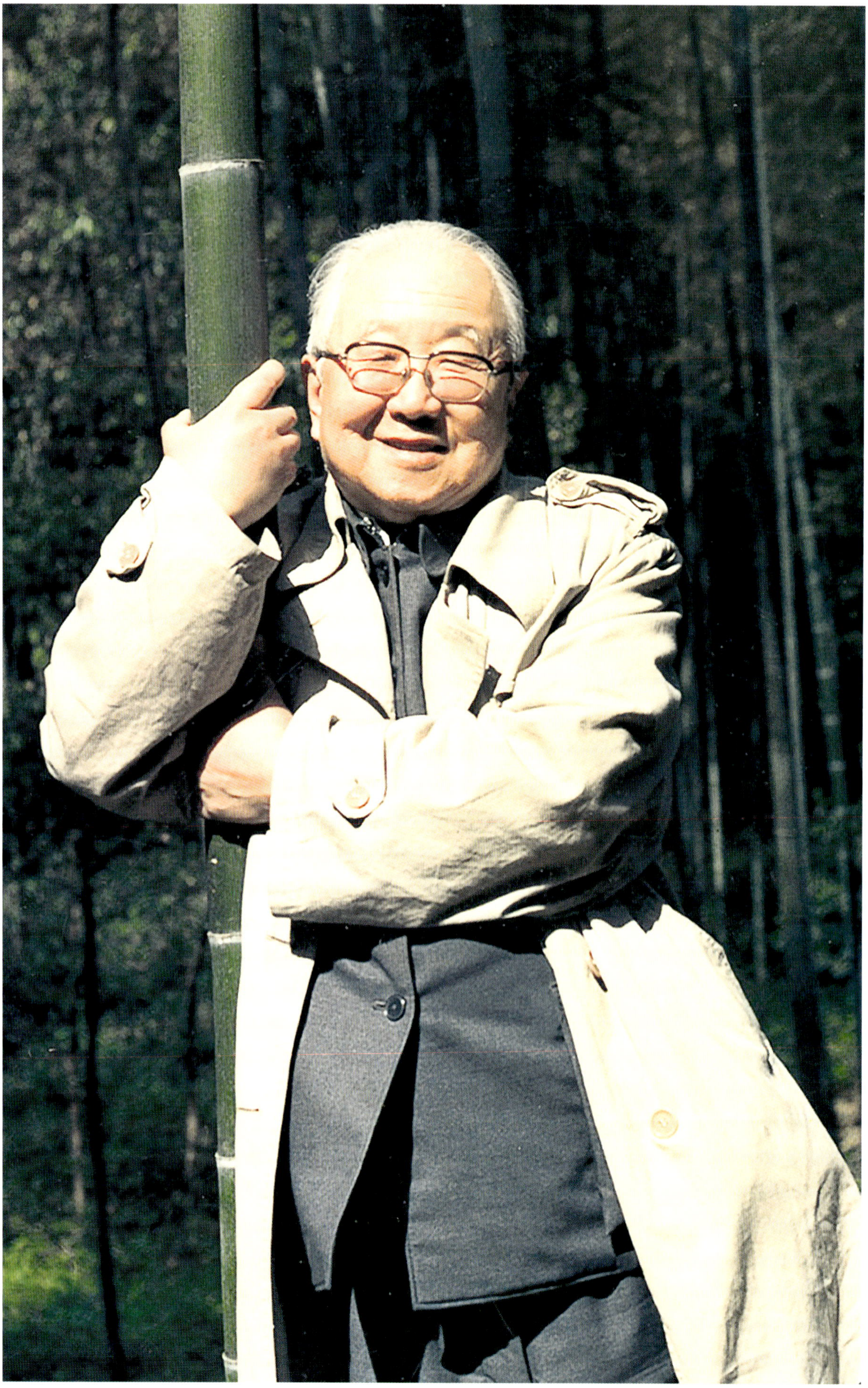

书人雅集“忆启功，写启功，学启功”

【吴月玲】7月7日，是一代国学大师、著名书法家启功先生遗体火化一周年的日子，中国艺术报社和中国书协中直分会在京召开了“忆启功，写启功，学启功”座谈会。佟韦、林岫、苏士澍、陈洪武、田伯平、李洪海、张有清、于曙光、薛夫彬、邹德忠、熊伯齐、周志高、赵铁信、赵立凡、张铁英、朱守道、崔陟、张杰、王兴家、章巧珍、黄君、沈莉等书法家和书法工作者以及启功先生亲属章景怀参加座谈会，并先后在会上发言。本报社长、中国书协顾问张飙主持座谈会。本报总编辑李树声在会上致辞。座谈会采取雅集的形式，与会书法家或赋诗，或作文，深情表达对启功先生的缅怀之情。

座谈会上，大家高度评价了启功先生崇高的品格。大家认为，启功先生的心中充满着博大而深厚的爱，对国家、对民族、对亲人、对师友、对学生、对普通人都是如此。他一生勤奋敬业，忘我工作，完美地实践了“春蚕到死丝方尽”的奉献精神。他严于律己、淡泊名利、为人谦和、豁达大度、平易近人、真诚宽厚的风范，让人永远铭记。

与会书法家认为，启功先生国学造诣深厚，在书法、绘画、文物鉴定、古典文献研究方面都表现出了杰出的才能，是难得的通才。尤其在书法事业上，他对后学者的提掖和鼓励、他在书法艺术规律的探索方面都给后人留下了宝贵的财富。

大家表示，要学习启功先生的书品和人品，为中国书法事业的进一步发展贡献自己的力量。

因事未能参加座谈会的中国文联党组副书记、副主席覃志刚，中国书协中直分会副会长张虎、罗扬，中国书协分党组书记赵长青，北京书协副主席谷溪也送来了缅怀启功先生的书法作品。

原载《中国艺术报》

张飙（中国书协顾问、《中国艺术报》社长、中国书协中直分会会长）

今天（7月7日），是我们大家敬爱的启功先生遗体火化一周年的纪念日。一年来，我们对先生的思念与日俱增。今天，由中国艺术报社和中国书协中直分会联合召开“忆启功，写启功，学启功”座谈会，以表达对先生的缅怀。启功先生是我们书界的泰斗，我们今天以书法的形式，或者说以雅集的方式表达心情。大家事先已经写好了怀念先生的书法作品，请大家展示自己的作品，诵读自己的作品的内容，再结合自己作品作向启功先生学习的简短发言。

下面先请《中国艺术报》总编辑李树声同志致辞。

李树声（《中国艺术报》总编辑）

首先，感谢诸位专家、书法家在暑热难当的周末来到报社雅集，也是启功先生——这位翰海泰斗，学界丰碑把大家聚在一起。启功先生的研讨会，想来在座许多朋友都参加过，当年随着启先生书法和学问上的造诣不断加深和他在海内外的影响，当时的研讨会对于参加者来讲是学习、是展示，也是荣誉。今天的研讨会也许规格不如从前，但同样更是学习、展示和荣誉，是启功先生走后一年，重温先生为书、为文、为人的一种冷静、深沉的学习，是我们自身经过又一年的磨励之后的展示，是数典记祖、不忘恩师，朴素、真实、沥尽铅华个人人品的荣誉。

我不是书界的人，但80年代与启功先生相识，几次采访，先生笑谈人生，纵论古今，渊博睿智，厚重幽默令人难忘。在启功先生这片思想与学问之海中，随时会捡拾到令人惊叹的瑰宝。但因时间关系，就老人家品格方面谈两点，作为我等晚生后辈应当永远铭记。

首先是先生的谦虚、谦谨、谦和。如今书界写过几年字的人，自诩为大师的人是大有人在的。而启功先生的学问书艺应当是广博精深，但仍然声明自己是“中学生、副教授，博不精，书不透，名虽扬，实不够……”另外，大家都知道别人说他书法写得很正，是乾隆体，而他自己说自己的书法是蜈蚣体，因为蜈蚣这种虫子也叫“钱龙”。启功先生之谦，使我记起一名言，“愈自重而愈不敢轻薄天下人，愈坚忍而愈不敢易视天下事，此知谓虚心之自信”。

再有一点就是启功先生无论在书界学界，都有一种态度，就是宽容、包容、兼容，但不纵容。启功先生关于书艺学问的主张，例如关于不同书体碑帖、关于中国文字的看法、关于当今书法创新的问题，先生都表现了这样的态度。不纵容使我想起前年荣宝拍卖公司那次拍卖启先生的书画，我们听说此事去看望启功先生。当时启功先生非常生气，身体也不好，说话也不如以前那么清朗，但他说关于他的假字假画由来已久，潘家园的假字画他都去看过，他认为这些人这样做是为了“糊口”，而这一次假造了二十多幅书画当真品拍卖五十多万元，我们也认为这件事是“欺人太甚”了，于是我们在《中国书画家》上刊登了头条，结果这张报纸被国务院的领导看到，批示要给先生一个满意的说法，还好有关部门协调了此事。由此事可见启功先生以自己的书艺可以泽被他人，既使是造了假他还是可以宽容的，但对于拍卖假作品的腐败是不能纵容的。

去年6月30日启功先生驾鹤西去，当时正值本报签付印，但对于一贯敬重备至的启功先生还是要表达心情，一时约不到稿件，我便赶写一篇，开头是：“烈日炎炎、融不消学界惜别大师的冰冷，热风习习，拂不去书坛痛失泰斗的悲凉，从此后书有疑义可问谁”。时至今日先生仙逝善域一年，当时我想是回念启功先生，而今我们在这里遥望启功先生，重温启功先生，叩问启功先生，他留下的旷世书艺，道德文章就是让我们仍然赞佩不已的回应。

再次谢谢诸位光临。

佟　韦（中国书协顾问）

这幅作品作为挽联曾经悬挂过。上联是："**金无足赤人无完人启老例外**"。过去我在文章中讲过启老是完人。下联是："**代有大师学有博学功在其中**"。启老逝世一年多了，我很想念他。我曾经不止一次地想起在学养高深的长辈身旁谈古论今、谈天说地的幸福时刻。有一些事情，特别是书协有一些事情请教启老，他都给我满意的指点。现在回想起来那个幸福的日子没有了，心里边很伤感，好像是没有依靠一样。

我已经70多岁了，见过了很多的人，感到启老确实是个完人，这方面的例子太多了。我用简单的四个字概括：博爱博学。说起博爱，启老对祖国、对人民、对中国共产党、所有的民主党派等各方面都是没说的。对祖国、对人民至忠，对党、对各民主党派、对学校和中国书法家协会可以说是至爱，对师长是至敬，对朋友是至诚，对父母是至孝，对妻子是至亲，对晚辈和学生是关爱之心

至切。启老的一生，可以说与太阳一样随时随地无偿地提供光和热。而无私是受人尊敬的源泉。

说起博学，启老可以称为一个大师。他在古典文学、历史学、韵律学、文字学、宗教学等各方面都精通博大、无与伦比。这固然与他的天赋密不可分，但是更重要的是惊人的勤奋。我有时到启老家里去，他家里没有客人时，我都看到他在读书写字，甚至有时候还用格子纸练字。他已经写得那么好了，还不满足。他和我说，有人说他有这个那个的毛病，他确实有。他常感到自己的不足。有位住在启老隔壁的教授当着启老的面说，有时半夜三点钟的时候还看到他的窗户的灯开着。我想，启老在看书写字呢。他半夜里起来睡不着就看书写字。这完全是真实的。他这种勤奋真是无与伦比。我记得我陪他到过新加坡，行程是7个小时，我们是抓紧时间睡觉，启老是抓紧时间看书。令我们敬佩之至。

我们今年向启老学习，学习什么呢？就是学习启老他所走过的路，学习他所做的事，做一个真正的人，我想这对于怀念启老是最好的行为。

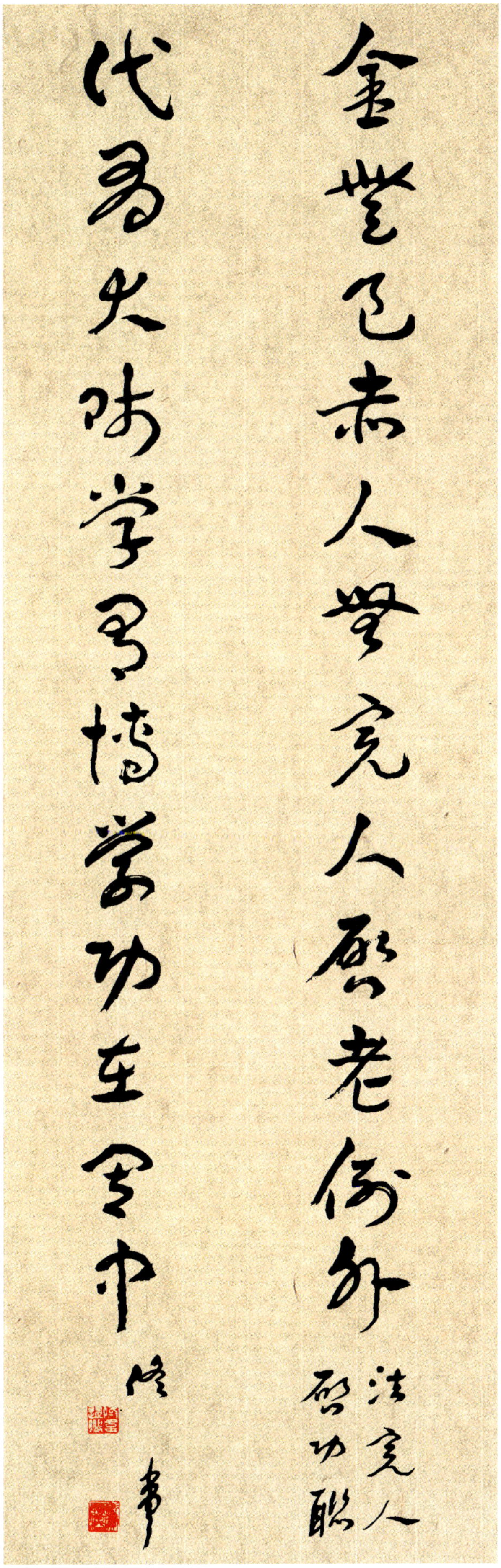

林　岫（中国书协副主席、北京书协主席）

启功先生是我们都非常怀念的一个书法前辈。他不光为我们书法艺术做了贡献，而且他是北师大的教授，在古典文学文献和书画的鉴赏方面都做了很大的贡献。他是我们时代文化的一种表征。我是在6月30日下午，有两个朋友和我聊天的时候谈到这天是启先生的哀日。于是我们就开着车去了北师大，上了那个我们熟悉的小楼走了一遭，那里也有很多学生在缅怀启功先生。那天回来后，我就写了一首排律，表达我的心：**“启功先生哀日雨暮访北师大有赋。坚净居前路几经，今朝过访不胜情。从来世忘浑非易，况复功崇旷代倾。儒俊曾穷小乘巷，华颠敢谢大声名。**（有人称启先生为国学大师，启先生说：“我不敢接这顶大帽子，这帽子一扣就要戴到我的脚面上去了。我劝你们也要慎重。帽子被后人摘下来或是帽子自己掉下来都是自找痛苦和恶心的事情。”他敢回绝这些虚名是很不容易的。）**难能稽证抒知见，**（他留下了很多学术著作，里面有启老的真知灼见）**独肯爬梳贵力行。**（古典文学的书籍是浩浩荡荡如烟海的，能在其中爬梳，从一些很细的东西里找出来是很不容易的。启先生曾拿《红楼书证》就说，里面有几个口语都是他查了很多书，甚至是查了山东的口语，才敢定下来这几条口语的意思。做学问都是嚼菜根吃了很多苦的。而且他绝不找学生代替他查资料，他从来都是身体力行自己来做。）**搔首常因书债累，**（他有时候头痛，因为名声大了，都来找他写字，所以书债太多了。2004年的一天，因为一首诗的问题，启老找我去他家里，我们说完了诗的事，家里就来了个电话。启先生听了电话后很生气，电话里的人要求很无理，出言威胁启先生。启先生回击说：“我就不写，怎么着吧。你派兵来吧！”启先生挂了电话对我说：“我们这些搞书画的，从一开始就注定要得罪人，因为不可能像撕年历片那样地写自己的作品。天下的人不可能人人得到。得到的人嫌小，得不到的人就会怨你，生前生后都骂。如果我走后，有人骂我，你就说，启先生在那边给他陪不是。”）**栖幽顿解俗缘轻。**（“栖幽”是故世的婉语，启先生到幽静的地方住去了，可以一下解脱俗缘的累赘。记得一次他写了张条贴在门上，他说，今天八成不会有人来捣乱了。条上写的是：“熊猫是国宝，国宝今病了，现在在住院，请勿来打扰”。启老11点出门时一瞅，条没了。）**惟期翰墨弘三气，**（启先生经常和我们说书法界要弘扬正气、文气、大气。启先生常说，我是创作不出什么大气的作品了，就指望你们了。其实启先生的草书和画都很有磅礴之气的。只有弘扬“三气”，书界才能进步。）**旁涉丹青仰四清。**（启先生画画也很有造诣，他常画的是梅兰竹菊四大清品。）**自重则威先有预：遗篇不畏后人评。**（启先生曾说过：“我的东西不怕后人评。”）**楼边学子犹相望，**（北师大的学生很多还在望着那座小楼。）**入夜疏灯破雨明。**（1992年、1993年启先生的书房里有个铜镇纸，上面写了八个字：自重则威，知止有定。虽然这只是镇纸铭，但这是像启先生这样德高望重的文人人生的写照。）启先生是北京书协的首届主席，也是第二届中国书法家协会主席，是书界泰斗，他从来都很关心书法界的发展。后来年事已高，启老就不担任职务了，但启先生对书法界的活动都很清楚。我觉得尊重一个人不是等失去他才感动他的重要。伟大的逝者不会走远，启先生永远在我们的身边。

改革开放后有一种新儒学的兴起，我们中国书法界本来可以借新儒学的兴起而加重书法的文化含量，可是紧跟了新儒学一段时间后，就只顾我们自己热了，而这些学养深厚的老前辈，他们一个个地走了。我们不但痛失了这些老前辈，我们还痛失了一些机会，与新儒学的兴起一同发展的机会。我觉得只有多读书多加深自己的素养，为中国书法事业多做一些工作，这样才能真正缅怀启功先生。

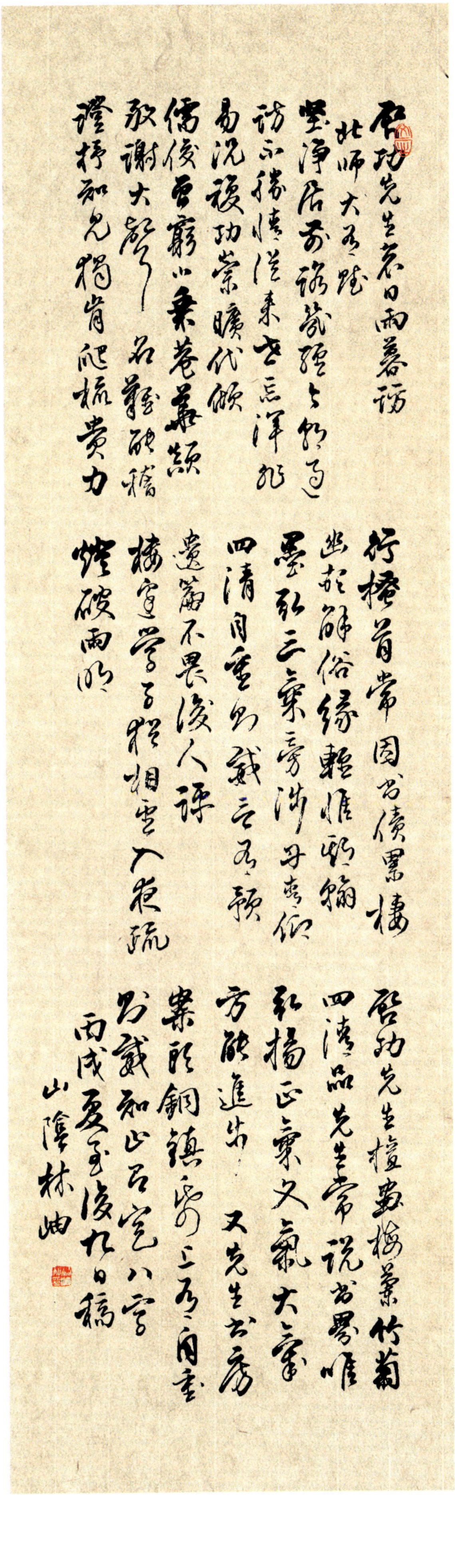

苏士澍（文物出版社社长）

6月30日下午，北师大在学校搞了一个纪念启老周年祭日的活动，我也去了。今天在座的都是书界的朋友，启老是我们心中永远的主席。我觉得今天的纪念只是个开始，我们还要继续搞忆启功，写启功，学启功这样的活动。我的对联是："**诗书流芳万载，道德景仰千秋。**"正如佟先生说的，启先生是个完人，别人都不行，启功例外。启老的诗书画真是流芳万载。启老生前经常开玩笑地说："保守派和写馆阁体的启功已经死了。"有人认为启老在书坛上的成就并不是很高，但我不这么认为，所以在对联里突出了这一点。从二王到赵孟頫、董其昌到清到启老，这是一脉相承的。这是中国古代书法真正的正流。因为有人超不过这些大师，就打大师、毁大师，来达到自己出名的目的。启老在书法上的贡献大家都很清楚，不用我多说。启老有这么浓厚的学养，关键在于道德文章。刚才李总编说的话非常有道理，以及林岫主席的文章都是情深意切的。7月26日，我们文物出版社、中华书局、商务印书馆、北师大出版社将在北京人民大会堂召开一个启功学术出版座谈会。我们尽量争取让更多的人参加。启老在文墨界、北师大的一些老朋友、各出版社的朋友都想借这个机会，表达大家对启老去世一周年的心情。我们出版社还出了两本《启功谈书画碑帖》在会与大家见面。启老对碑帖独到的见解都可在这两本书中看到。学习启老是我们终身的事情。

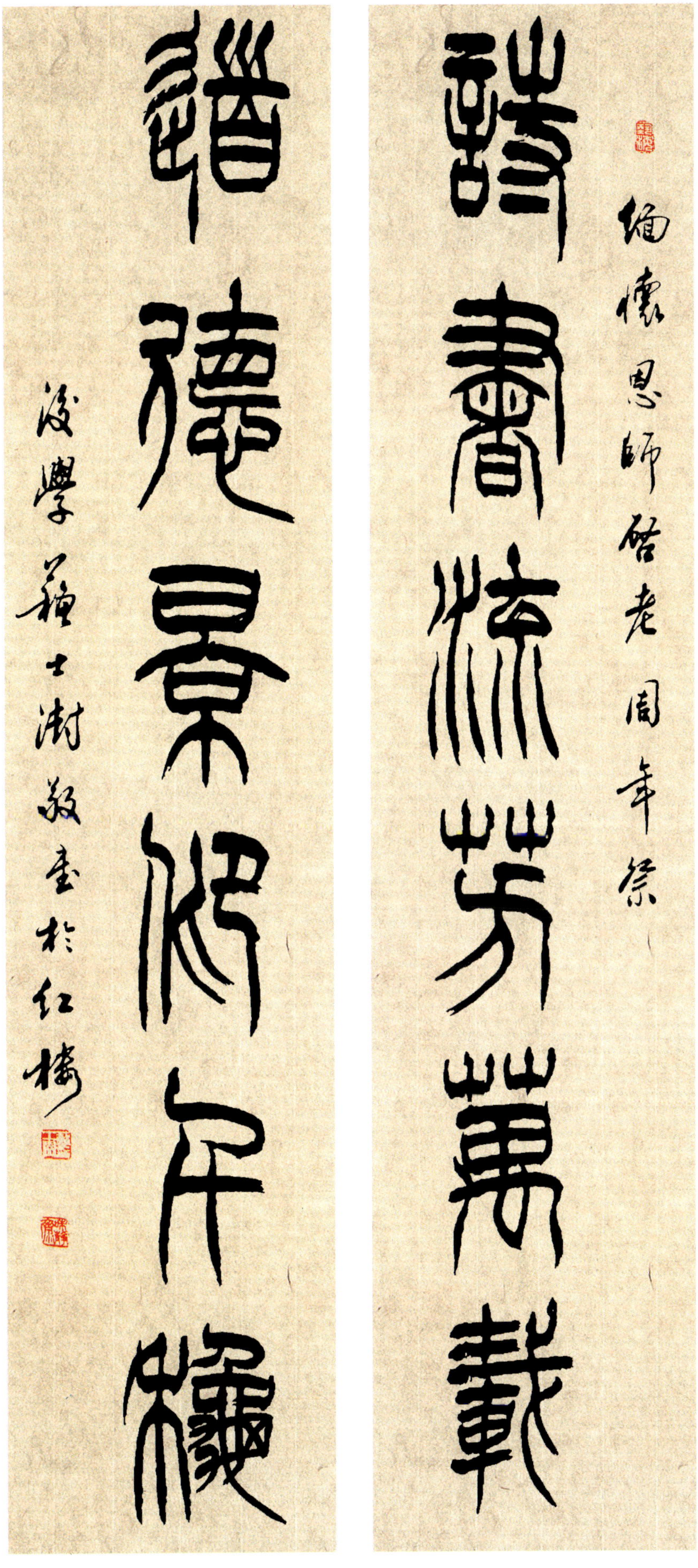

苏士澍作品

陈洪武（中国书协分党组副书记、副秘书长）

今天，我怀着十分崇敬的心情来参加会议。作为中国书法家协会的一名工作人员，我代表中国书法家协会向中国艺术报和中国书协中直分会组织这个缅怀活动表示感谢，这个活动在书界有深远意义。我现在在中央党校学习，不允许请假。但是今天这个活动我一定要参加。临行之前，我给中国书协的赵长青同志专门打了个电话，他因为有活动来不了，他表示也要写一幅作品送过来。

我和在座的书法界同仁一样，长期受到先生的关怀和指点。我想用我的诗来表达我的心情：**“玉泉山上白云乡，凭吊恩公更断肠。向晚荒原怜鹤影，过城细雨暗斜阳。黄金分割言犹在，白发频生意已凉。飘泊如今多感愧，难成学业报穹苍。”**

启先生是个超凡脱俗的圣人，因此他仙逝离开我们也是去了玉泉山上的白云之乡，是我这凡人无法企及的。因此凭吊恩公更觉得肠断了，感慨更多，难以言表。“向晚荒原怜鹤影，过城细雨暗斜阳”是我对先生深深地致敬。黄金分割是先生的一个美学观点。我还感到有很多地方感到惭愧，学业有成才能报答先生对我们的关爱。

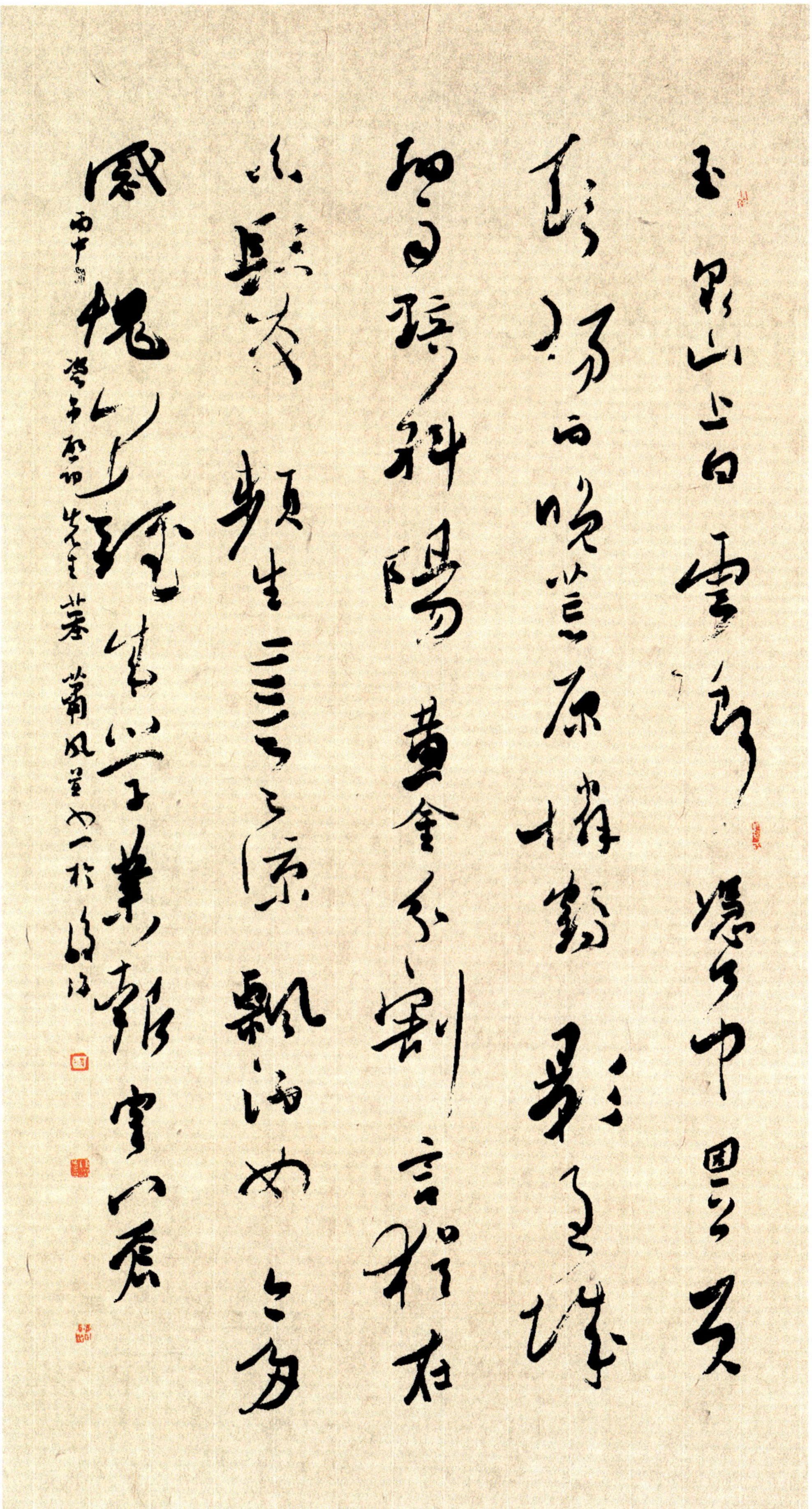

田伯平（北京书协副主席）

确实，写诗不是一件很简单的事情。我怀着对启老无比崇敬的心情，早上起来就写，然后再写成书法。诗不像样，心情是真实的。“国宝熊猫辞人寰（启先生自称熊猫），忽见榴红是一年（他去世的那一年我家的石榴还开过花）。墨海探艺苦亦喜（启老老是那么高兴），书山寻珍累也甜。文赋犹贵通今古，论丛妙在启圣贤。我辈应学前师志，急功难得佳作传。”

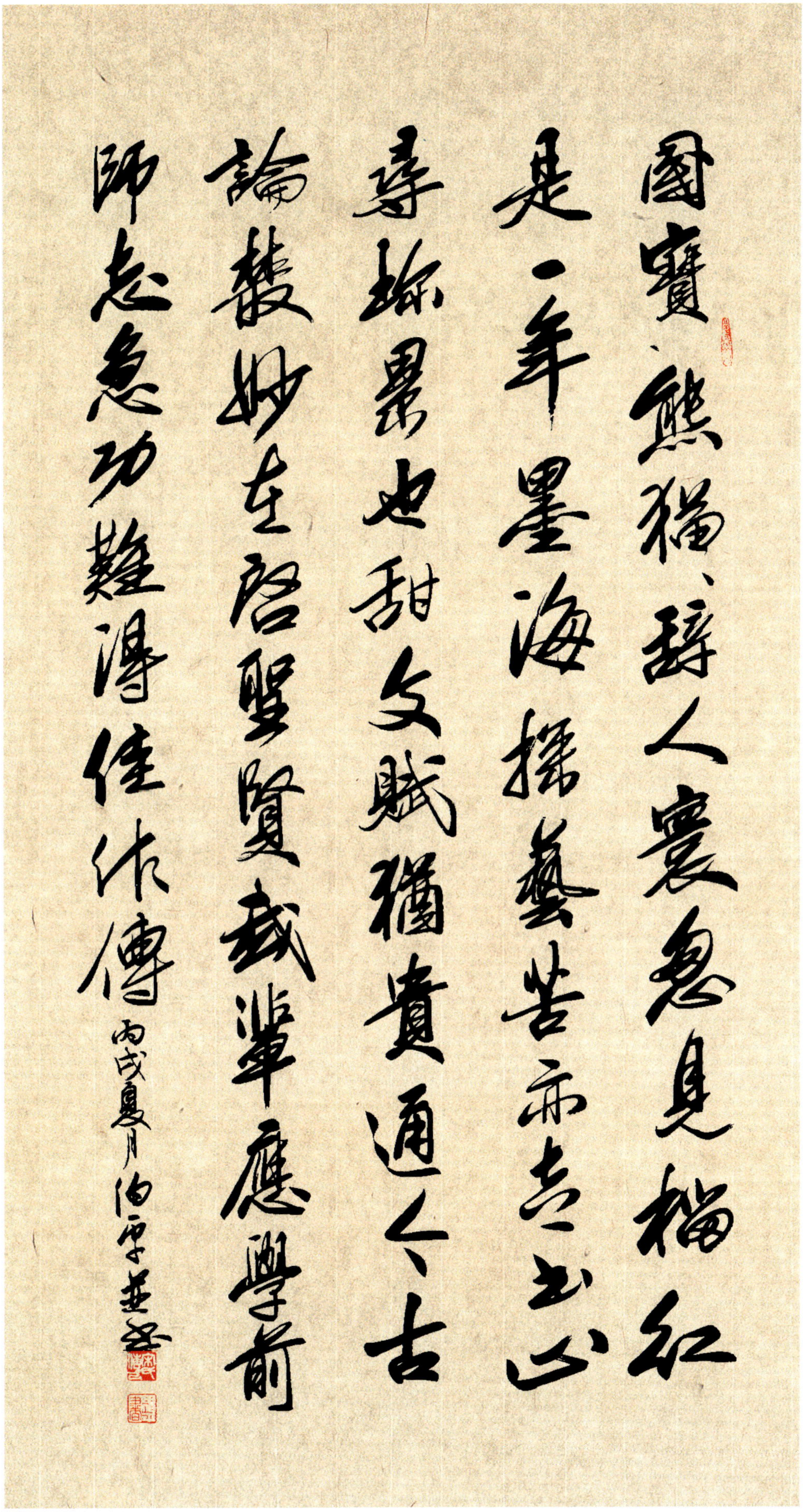
國寶、熊貓、辭人寰急見貓紅
是一年墨海揮藝苦亦喜出心
尋蹤畢也甜文賦猶貴通今古
論藝妙在啟聖賢我輩應學前
師意急功難得佳作傳
丙戌夏月伯平書

李洪海（中国人民革命军事博物馆书画研究院常务副院长）

我是上个世纪70年代接触启先生，他对我的家庭、工作安排都给予了关注，可以说是对我恩重如山。他在书法界、国学界、鉴定界做的工作是功德无量的。启先生虽然走了，但他的精神、他的形象、他的笑一直在我身边。所以我撰了一幅联：**“启迪后学真情深似海，功贯当代崇德重如山。”**

启迪後學真情深似海
纪念启功先生逝世一周年
功貫當代崇德重如山
丙戌之夏
後学洪海恭书

张有清（北京书协名誉副主席）

我在此抄录了启功先生的一首《论书绝句》：**“题记龙门字势雄，就中尤属始平公。学书别有观碑法，透过刀锋看笔锋。”**

我和诸位书友一样深情怀念睿智、幽默、慈祥的启功先生。文革时期，也就是上世纪70年代初中期，首都机械工业局有一批年青的书法爱好者，工作之余满腔热情地互教互学，探索书法艺术的奥秘，摸索着学书之法。时间进入1978年冬天，在北海公园画舫斋，首都书法家张伯驹、孙墨佛等书家雅集时，我们有幸聆听启功先生讲汉字艺术结构的规律，使我们明确习字不仅有九宫格、米字格，还有优选法，认识到字的聚处并不在中心而是在距离中心不远的井框的四角处。有的在中心偏左偏右或偏下或是偏上，即0.382：0.618，即5：8的黄金分割法为解构汉字结构的方法。学书中逐渐体会到结构比用笔更为重要，树立了结字为先的立论。学书中遇到的第二问题是静态美中的汉隶、魏碑、唐楷都是刻石头上的书。除了老天送的剥痕外，就是刀痕。要追求刻痕示形似，就得描画。这样学书失去了笔势、笔意、笔质。困惑时看到启功先生的《论书绝句》，感到眼前一亮。学书时要在技法理论上解决好刀、毫之间的差别，即透过刀锋看笔锋。学书中要用脑精察笔毫在汉隶的诸名碑、魏碑的碑

碣、造像、摩崖、墓志铭、以及唐楷的颜、柳、欧等巨碑中的合理使用。习书注意把握中侧锋的互换，体会笔毫在提按、往复的书写动作中的变换。在启功先生的学术理论及亲自的关怀指导下（70年代他亲临一个地方工业局的书法爱好者的书法展，点评时，启先生谈笑风生，一气氛融洽，幽默诙谐），大家受益匪浅。

一晃三十年过去了，当年的书法爱好者逐渐成为书法界的骨干。先后有苏士澍、谷溪、韩绍玉、苏适、张铁英、张虎等20多人加入中国书法家协会，有近60人加入北京书协。我们会记着启功先生们的劝告：要学书法，有钱多买字帖，少买论书法的书；有时间多看帖、临帖，少看论书法的书。

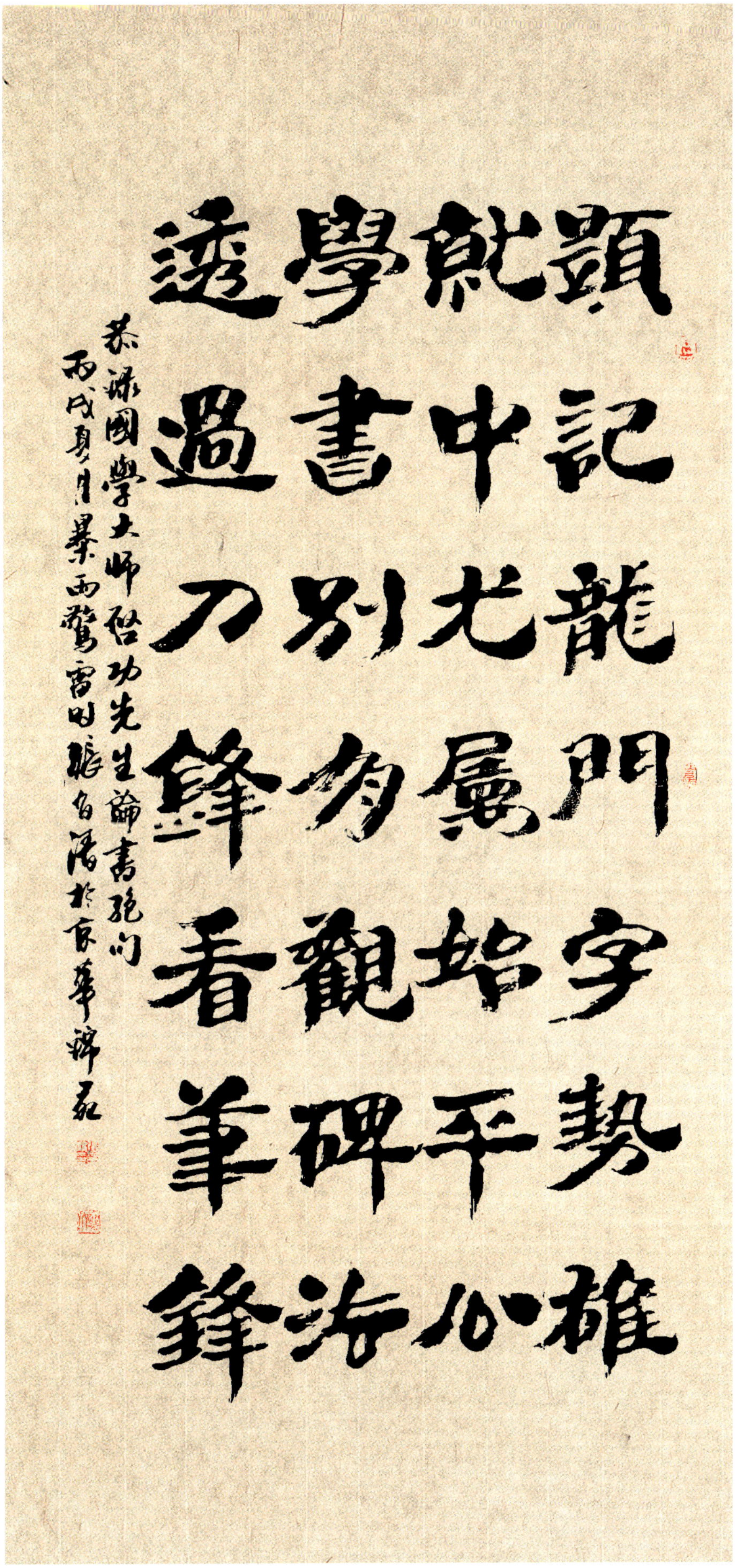

于曙光（中国书协中直分会常务副会长）

对启老的怀念三言两语说不清，所以我写了一篇短文，题目是《忆启功先生一件小事》：“98年春，我在北京美术馆举办了第一次个人书法展，有幸得到书法界各位泰斗的勉励和题辞，十分惬意。唯心存遗憾的是当时未敢惊动启功先生。数日之后，我有机会拜见启先生。我带上了那本个展时的作品集，请启老指正。启先生接过作品集，便聚精会神的看着、读着。我心里突然觉得一阵紧张，连说，我的诗太浅薄，可能有很多毛病……我的对联不够严谨。而老先生却说，很好很好。他似

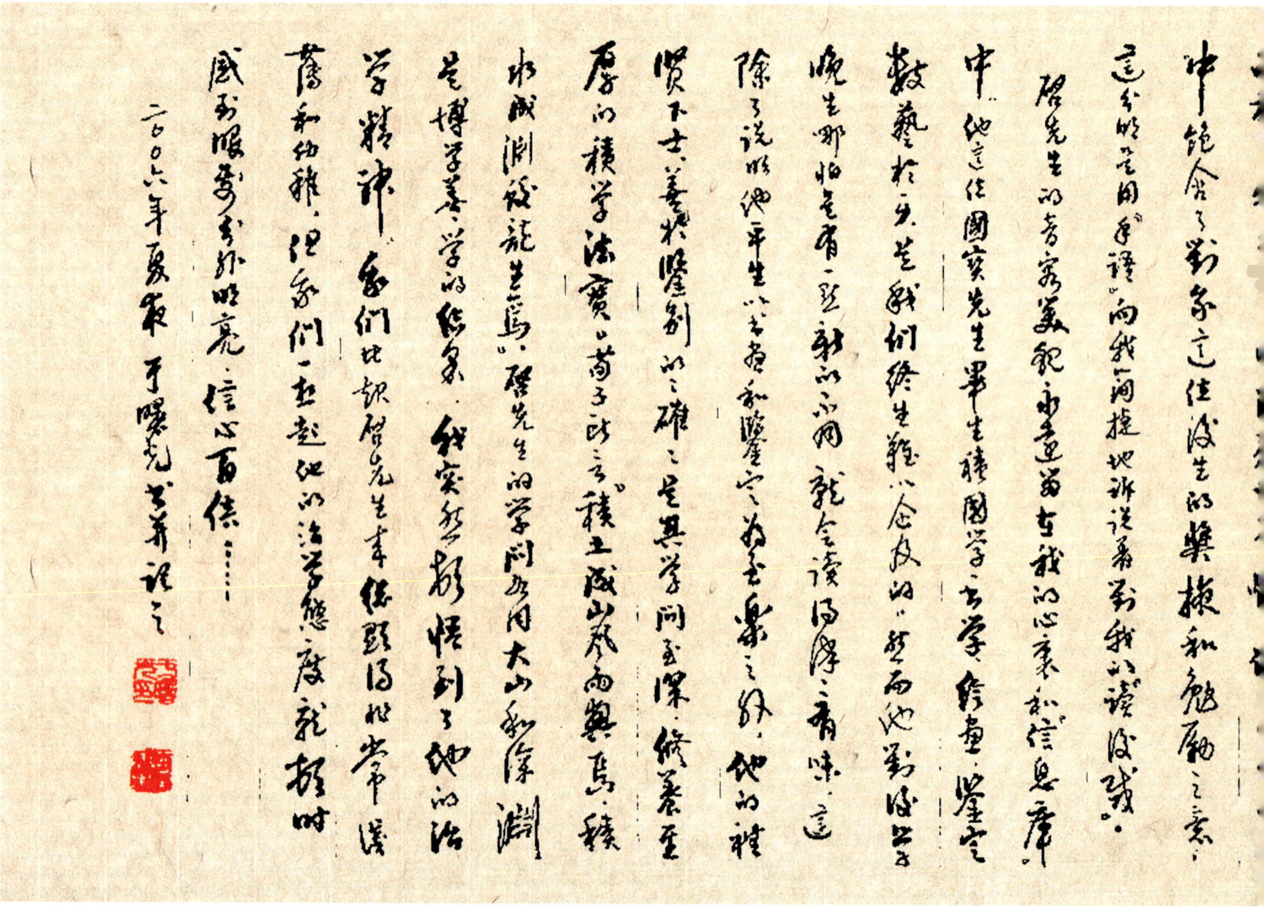

乎看得很津津有味。一会，他便连连点头，读出声来。这时，我的紧张情绪顿时烟消雾散。当他看到我的画时，竟伸出大拇指称赞，说有功力，有特色，不易……数日后，日本贞香会来京又有机缘见到启先生。他笑容可掬，十分慈祥，老远就向我打招呼。但他的招呼真与众不同。他是用一种无言的手势，并伸出大拇指在笔划着……我真是有些受宠若惊的样子，我着实有些汗颜和发烧。他的手示这其中饱含了对我这位后生的奖掖和勉励之意。这分明是用‘手语’向我简洁地诉说着对我的“读后感”。启先生的音容笑貌永远留在我的心里和‘信息库’中。他这位国宝先生毕生积国学、书学、绘画、鉴定数艺于一身，是我们终生难以企及的。然而他对后学晚生，哪怕是有一点新的不同，就会读得津津有味，这除了说明他平生以书画和鉴定为至乐之外，他的礼贤下士、善于鉴别，的的确确是其学问至深、修养至厚的积学法宝。荀子所言“积土成山，风雨兴焉；积水成渊，蛟龙生焉”。启先生的学问如同大山和深渊，是博学、善学的结果。我突然顿悟到了他的治学精神。我们比起启先生来总显得非常浅薄和幼稚，但我们一想起他的治学态度，就顿时感到眼前分外明亮，信心百倍……

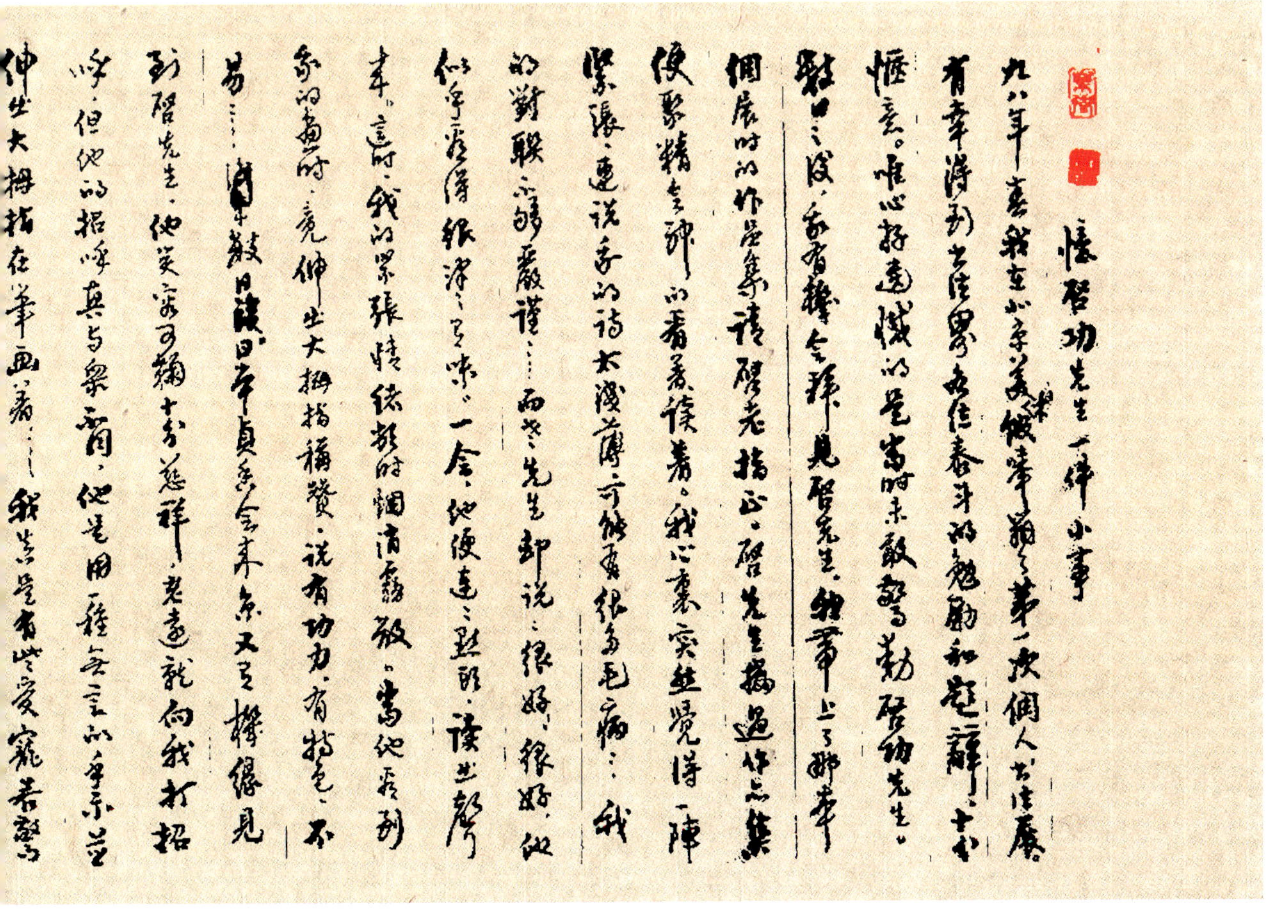

薛夫彬（北京书协副主席）

我写了一首，不能称为五律，只能称为“五句”，虽不够严谨，但说出了我的心里话。“**德高复学厚，博大且精深。往来多巨擘，谈笑尽言箴。面富弥勒像，腹文惊士林。回看翁行止，处处见佛心**”。我和启先生认识很多年了，但一直得不到机会私下问教，留下了一些遗憾。最大的遗憾是我有一本淳化阁的清刻，很真的一个本，但吃不准是否乾隆本。有一次在对外联络部的春节聚会上，我遇到启先生，我就对他说了我有这么一本东西。我先问他这东西对不对，他说对。他问里面是不是有楷书的释文，我说是，这个东西印得很精致、纸很薄。他说这可是好东西。我就想请他给我看看。他说，这是好事。于是我与苏士澍约，他去的时候我就一块跟着去。因为我一个人不好意思打扰。这一拖二拖就拖到启先生病重的时候了。最近，我整理出一张启先生和我的合影。这是在上个世纪90年代，北京的几个年轻的书法家合办了个展览。我陪着启先生看。启先生挑起大拇指，在夸我们几个年轻人。启先生对我们后辈一直很关心。我觉得除了谨遵启先生的教导多看书多读帖外，还应该向启先生多学习怎么做人。

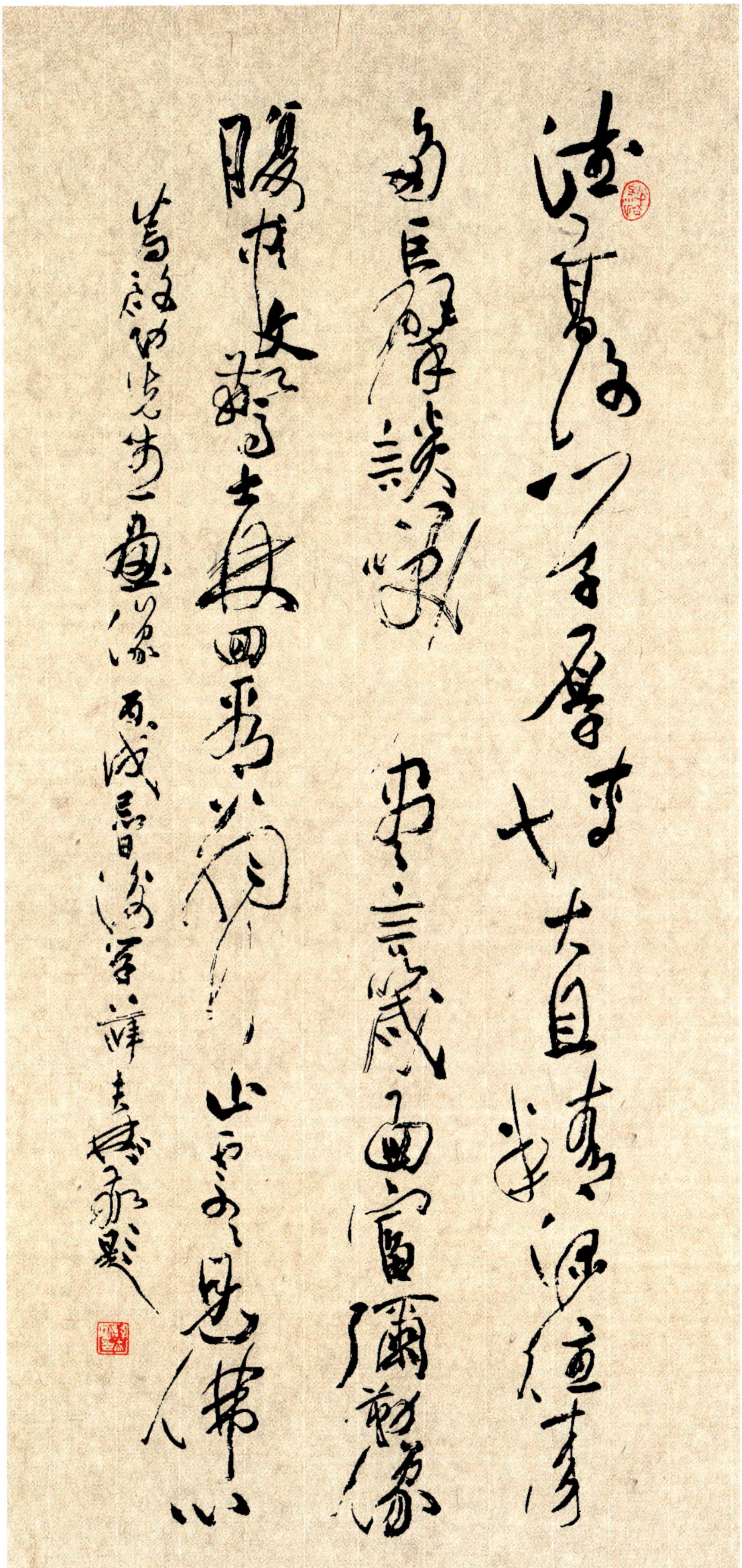

邹德忠（中国书协中直分会副会长）

我跟启先生可以说是翰墨缘深。由于工作的关系，我和启先生接触很多，书协的许多事是我和启先生联系。我讲一件小事。曾经有记者采访启先生，问他最怕谁，他回答说是邹德忠。问他为什么最怕邹德忠呢？他说，因为邹德忠来要字，我不得不写。我在中国书协工作，中国书协搞展览，别人请启先生写书名、写匾额，需要启先生题字，都通过我向启先生要字。给启先生带来了很多烦扰。但是启先生对中国书协的工作非常支持，从来没有提过稿费的事。为中国书协写的字，启先生从不要稿费。我念一下写的诗：**“少失怙恃，生路坎坷。达观宽容，调侃幽默。书画精湛，学问宏廓。谦和虚己，名利澹泊。寿尽天年，命在自握。羽化成仙，涅磐成佛”**。

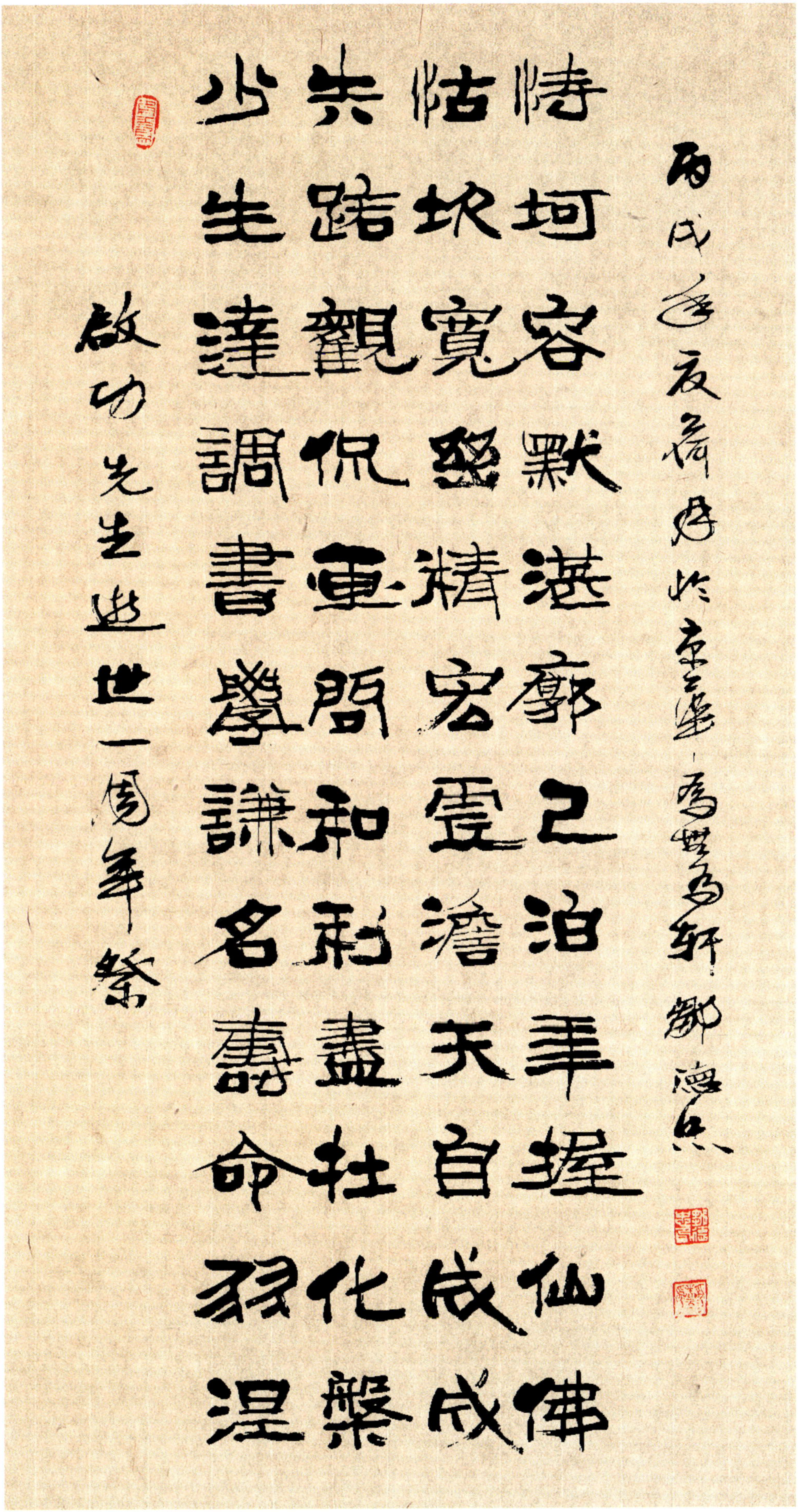
啟功先生逝世一周年祭
鄒德忠

熊伯齐（中国书协篆刻专业委员会副主任）

“**书坛怀泰斗，国学念宗师。**”我1973年到的荣宝斋，拜的是徐之谦为师。我小时候学的是工笔画，徐之谦先生让我学褚遂良的字。那时候认识了启功先生。他告诉我学褚遂良最好是学大字《阴符经》墨迹版，虽然那不是褚遂良写的，是南宋人临的，但是褚书的用笔方法可以看得一清二楚。启先生主张学习墨迹，而且他对传统了解得非常深。有的人主张中画饱满，启先生说，那都是刻的，拓出来当然都中画饱满了。但看墨迹就可发现不一样了，摁下去是深的，一拉就浅了。他把书法的道理说得深入浅出。启先生对古典文学非常了解，而且深得其味。一次他给一张由名家绘制的青蛙画题词为：“白出从此永不翻。”古人看到青蛙翻过来像个“出”字，因此青蛙翻肚有“白出”一说，启先生就灵活地把这一词运用到了题词中，显得妙趣横生。

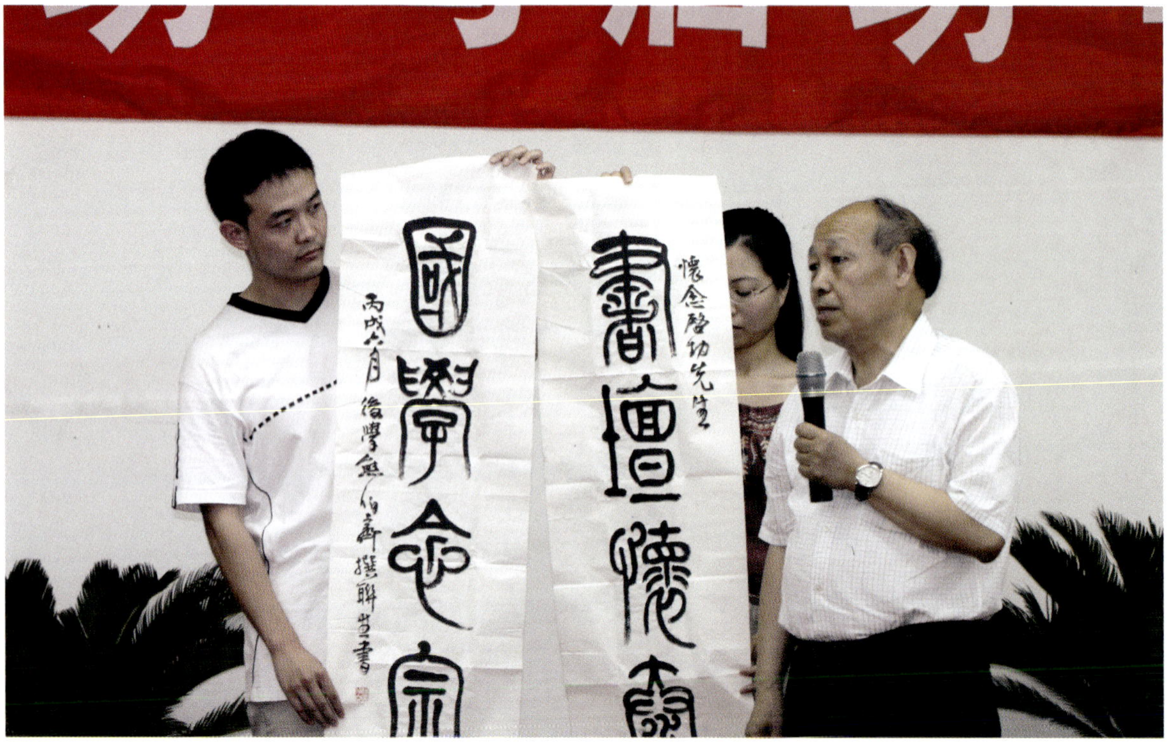

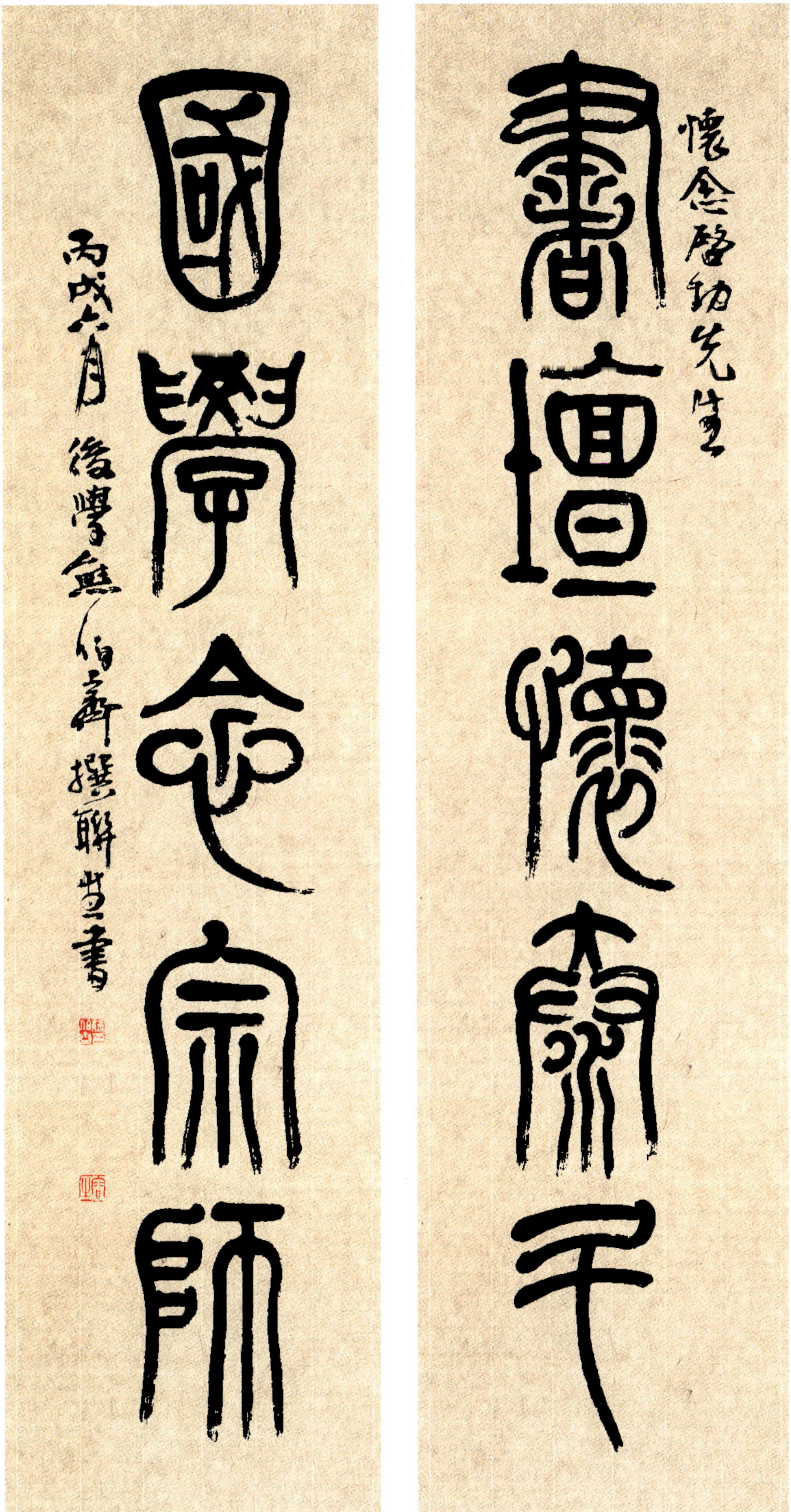
懷念啟功先生
書壇懷泰斗
國學念宗師
丙戌六月 後學熊伯齊撰聯並書

周志高（《中国书法》杂志主编）

“**培育深恩终身感戴，谦和高德百世流芳**”。因工作关系我和启老经常交往。我第一次到国外办展览，想让启先生题个词。原本只想让启先生题四个字，谁知道他写了126个字，开头就是“吾友周志高先生”，对我们的杂志和我本人进行了鼓励。这个作品我一直挂在自己的房间里。启老为人一直谦和，尤其对我们小字辈，没有一点架子。他的品格是永远值得我们学习的。

培育海恩终身戴

谦和高德百世流芳

启20恩师逝世周年纪念

丙戌小暑海角旧馆书于北京

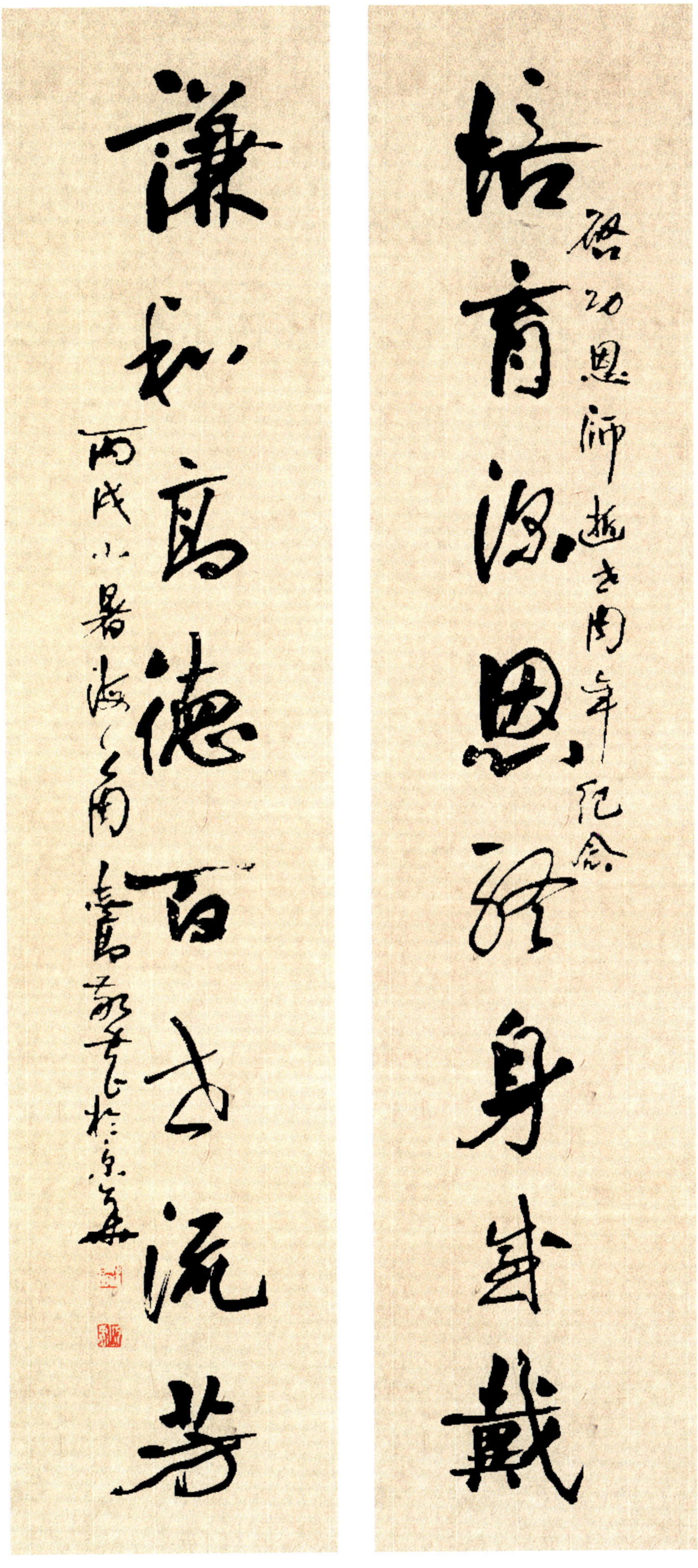

赵铁信(中国对外艺术展览中心党委书记兼副主任)

“书坛巨匠垂青史，学界宗师耀中华。”启先生在中国书法史上留下了光辉灿烂的篇章。启先生不光属于北师大，他是属于整个中华民族的。他对中华民族的文化传承起了很大的作用，我们永远怀念他。启先生是一座大山，我们永远难以企及；启先生是一部大书，永远难以读懂；启先生是一位大师，永远值得我们纪念；启先生是一座丰碑，永远屹立在我们心中。

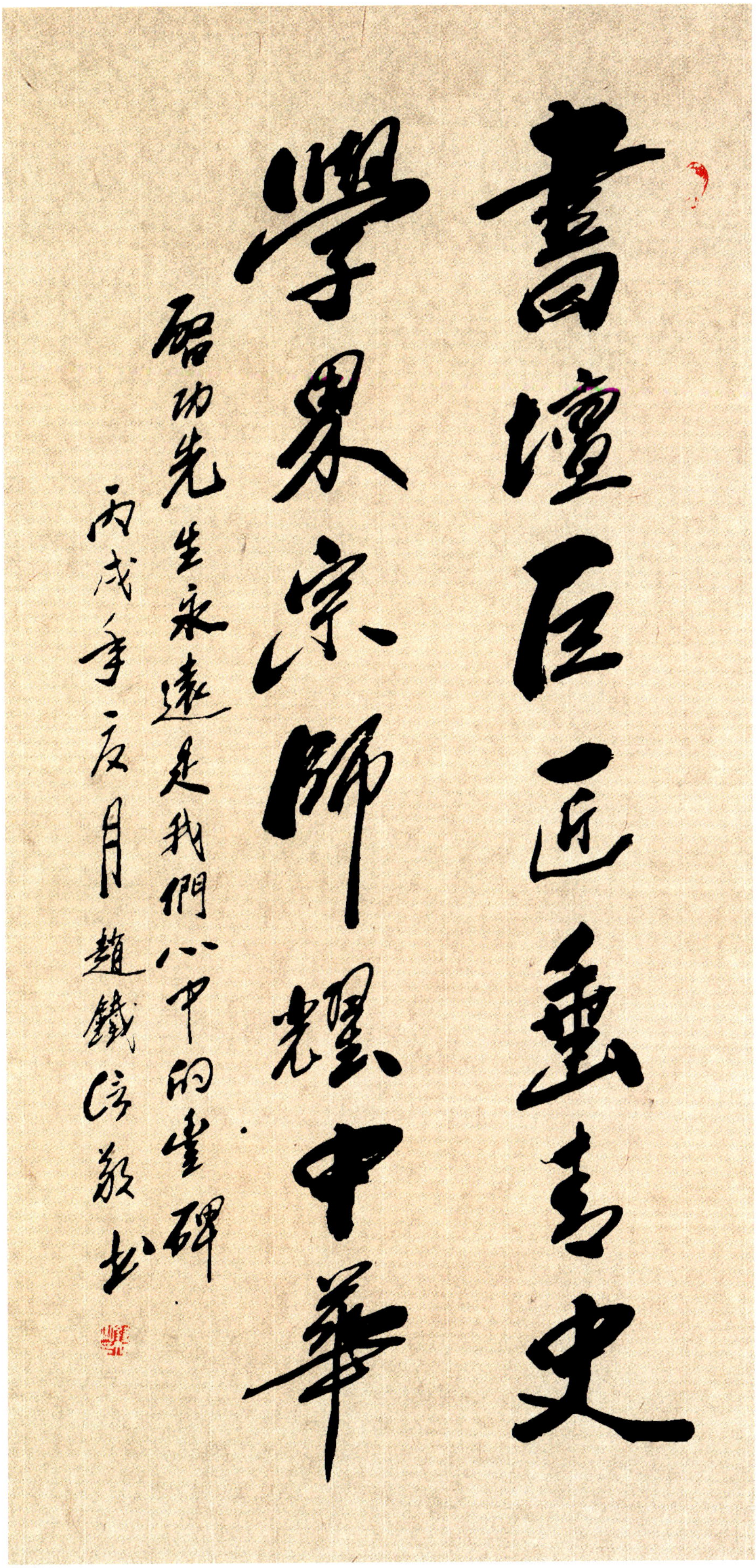
書壇巨匠垂青史
學界宗師耀中華
啓功先生永遠是我們心中的豐碑
丙戌年正月 趙鐵信敬書

赵立凡（中央电视台书画院院长）

上世纪90年代，我到中央电视台新闻中心工作。有一次，启先生在中央电视台的科教栏目做节目。他对我们说，科教的节目需要大力宣传，文化的节目也需要大力宣传。国家发展需要文化和科教的推动。后来，我们办了《读书时间》、散文和书画类的节目。他还和我说，中央电视台是国家电视台，节目要办得让广大观众喜闻乐见，于大家有益。一次对话中，我称启先生为“大师”，他忙说自己是“铺路的沙子”。他还勉励我，立凡要立不凡，在平凡的岗位上努力做不平凡的工作。当时，他就在中央电视台的串联单上给我写了个联：**“立身莫为浮名累，凡事当作本色真”**。后来，我也一直按启先生的教导去做。

赵立凡作品

张铁英（《中国书法通讯》编辑）

“坚如石玉净如水，言可经纶书可师”。启老把卧室兼书房取号雅名为“坚净居”。所谓“坚净”者，出自于古砚铭名句：“一拳之石，取其坚；一勺之水，取其净。”这既是他督责和勉励自己的信条，也正是他性格和为人的真实写照。

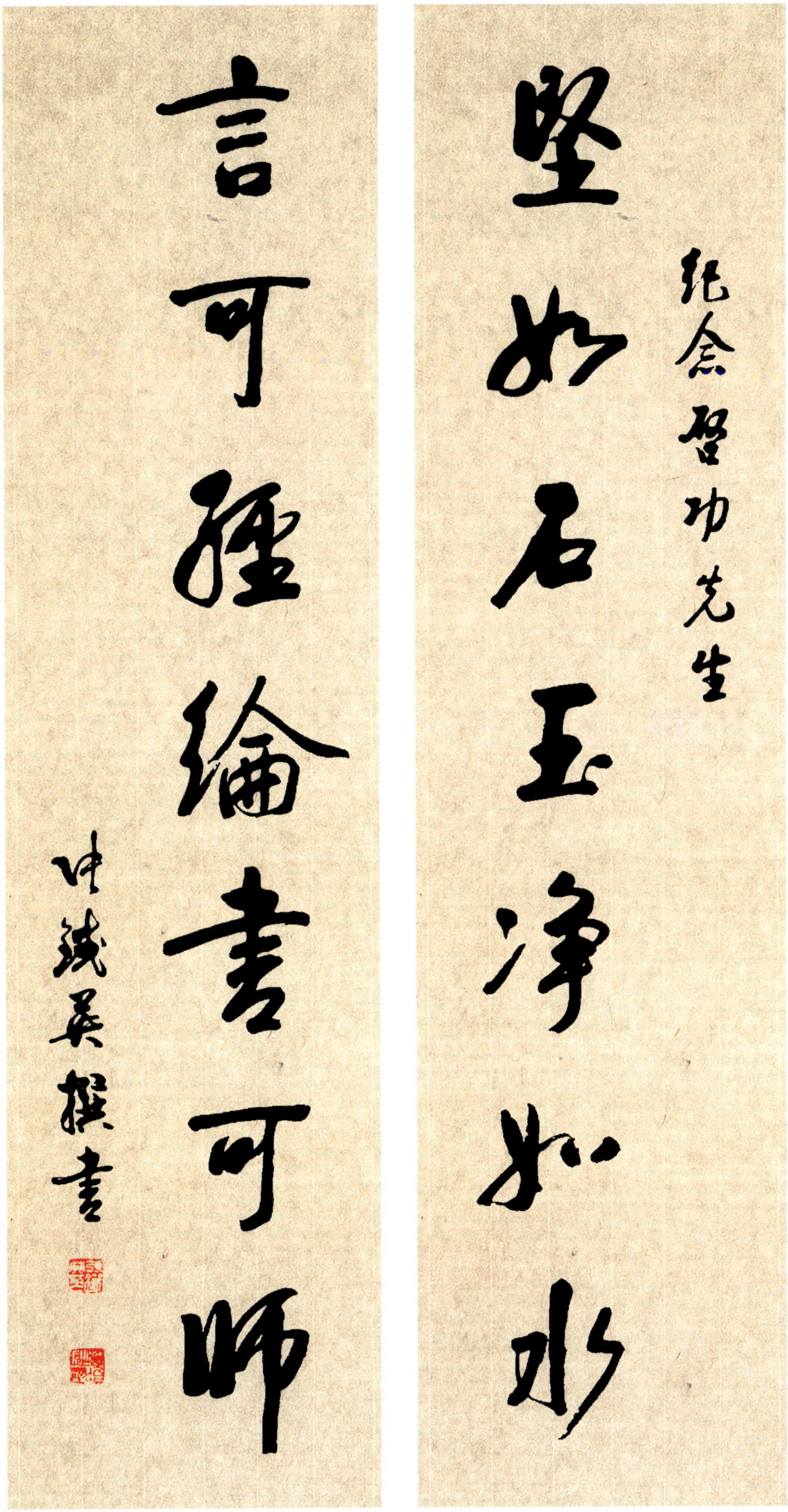
纪念启功先生
坚如石玉净如水
言可经纶书可师
张铁英撰书

朱守道（全国人大华侨委员会办公室副主任）

1981年，我获得了全国大学生书法竞赛的二等奖，启先生担任评委会主任。1982年，我到教育部工作。我有个习惯，就是要去拜访给我评过奖的评委。启先生写过一本《诗文声律论稿》，这是我们大学的必读书。这是我去拜访启先生的两个原因。我到了启先生的家，在西直门小乘巷认识了启功先生。20多年来，启先生给我很多启发和帮助，我非常感激。“**德高垂后世，艺逸领群伦**”。深切缅怀启功先生。

朱守道作品

崔 陟（中国文物出版社第三编辑室主任）

“是真学者，乃大书家”。启功先生不仅是书法家，更是个学问家。他的学问造就了他的书法。他用实践证明了学问与书法艺术的关系。他还是文物出版社的《书法丛刊》的主编。他不是挂名的。每当我们有疑难问题总向他请教，对于有争议的作品如何评论，如何鉴定，他都给我们很多指导。启功先生的书法集有1000本是他亲自签名的。出于对启功先生身体的考虑，我们让启先生在单页上签好名，我们帮他盖上印章，然后才拿到印刷厂装订。一天中午非常热，我们从启先生那拿来了500页签名。我就利用中午时间盖印，盖完500页，最后一页是启先生没盖印的墨宝，“静寄”两个瓦当文，于是我就把印盖上了，我也就得到了启先生的一件墨宝。“静寄”——安安静静地有所寄托，也成了我的座右铭。

是真學者
紀念啓功先生仙逝周年
通大書家
時在丙戌六月 崔陟謹書

张　杰（中国书法研究院执行院长）

“结交日边客，酬唱尽风流。楷法兼诗画，海内大名留。”2001 年，团中央和中国青少年宫协会举办中国青少年书法美术大赛，我们请了启功先生做评委会名誉主任。我们把所有评选出来获得一等奖的作品拿给启功先生过一下目。其中有剪纸，启功先生一看是剪纸，就忙说，剪纸我不懂，不看。一位楷书一等奖的同学名字为“沛”，在落款中却把这个字写错了。启先生那时眼睛已经不太好了，可他还是一眼就看出了。启先生说，这个名字写错了，你们评委、老师都有责任。这个事给我的印象非常深。他的精神值得我们继承下去，发扬光大。

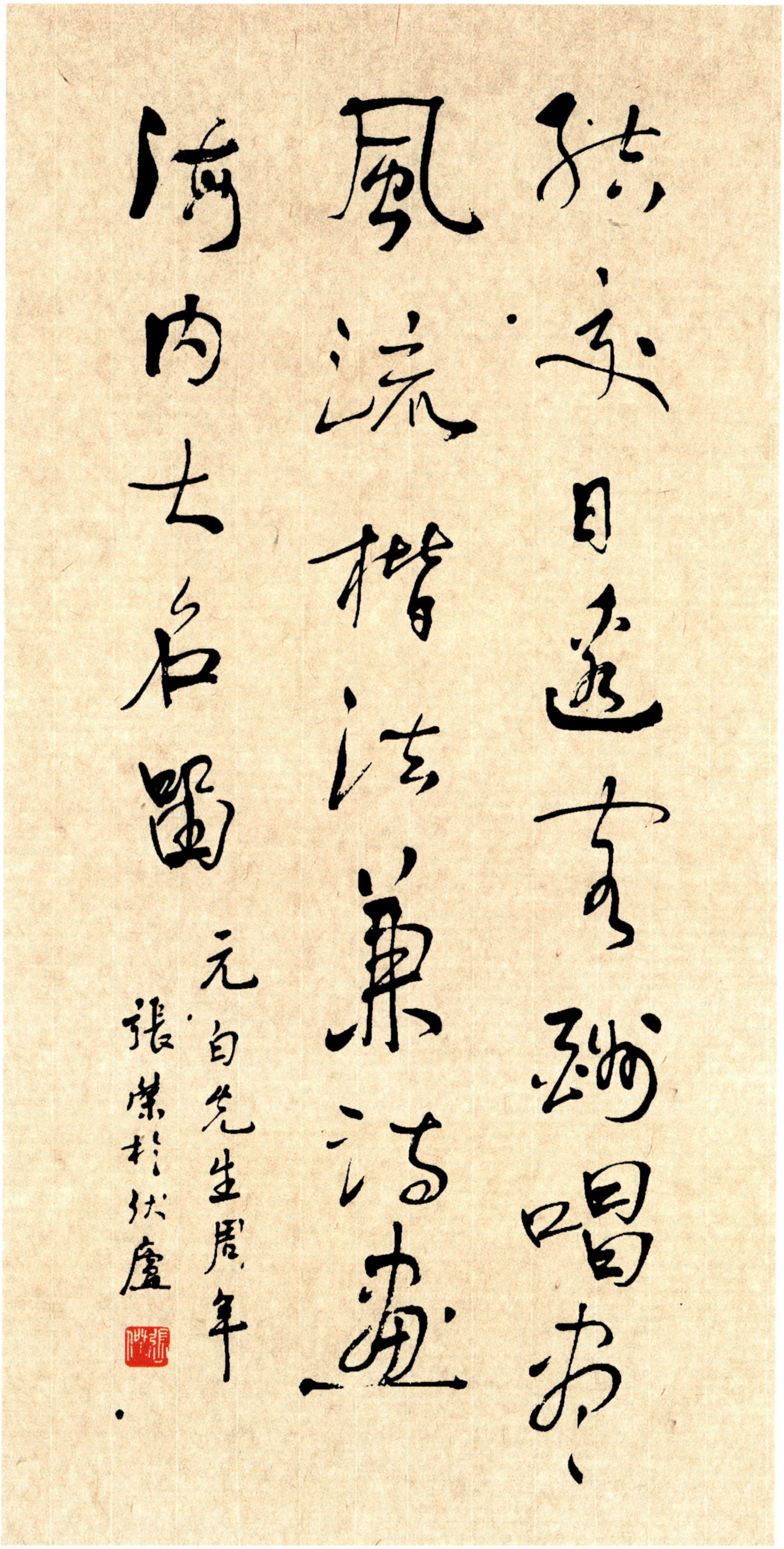
風流楷法兼詩畫
海内大名留
元白先生周年

王兴家（荣宝斋总经理办公室主任）

启先生是个伟大的教育家，所以我的对联是：“**启迪师教扬国粹再谱新曲，功利忘怀创励耘尤泽后人**”。在书法研究上，他把碑帖和墨迹对照起来研究，提出了“透过刀锋看笔锋”。他还是国学、鉴定学的大家。而且由于他的言传身教，他的学生也获得了很大的成绩。启先生取得这么多成绩，但为人却是那么谦和，把自己说成“小学生”。他还创立了以自己的老师陈垣书屋为名的“励耘奖学金”，使后来的学子受益。

啟迪絢燨揚國粹

再譜新曲

歲在丙戌夏日

君澤復欠

場新定懷創勵賴

王興家

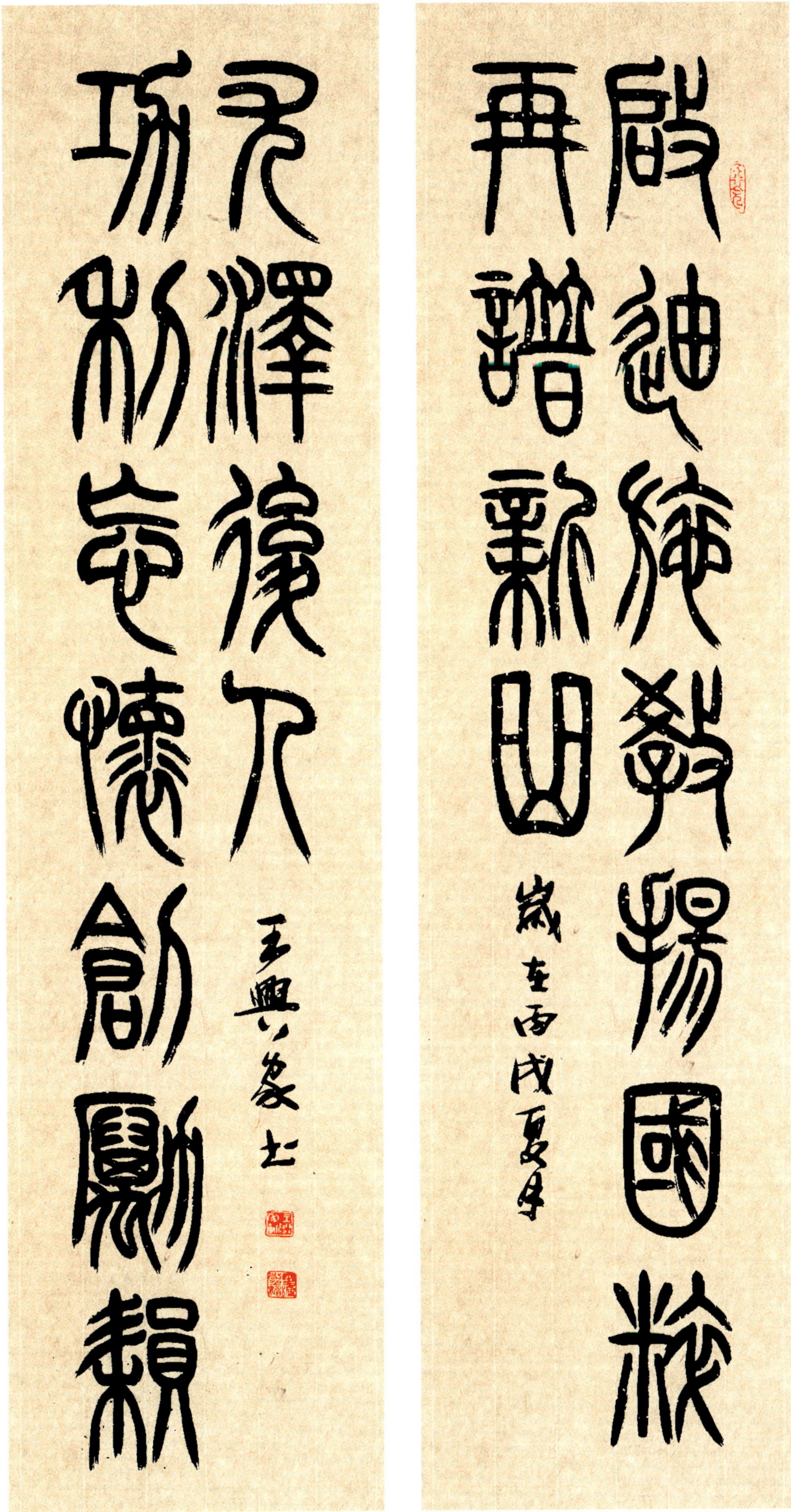

章巧珍（《中国书法通讯》副主编）

“道德高尚，为人方正”。我老觉得启先生没有走。我终于体会到那句话：“有的人走了，却永远活在人们心中。”启先生虽走了，但人永远活在我们心中。启先生对我来说像个谜，所以我把启先生的书集、诗歌、怀念文章都找来看了，我觉得这个谜解开了。启先生从小到大，国学修养非常深厚。他3岁就读《三字经》、《大学》，书在他的生命中就没有停过。就在他生病的时候，我去看望他，他还问我，铁英（启先生的学生，和我在一个办公室）最近读书了吗？我说铁英天天走得很晚，不是写字就是读书。启先生听了非常高兴。启先生常说他是从小学到老，所以才有今天的成就。我觉得，他是书法界的一棵大树，每当我在工作上、创作上遇到什么问题，都会想到启先生。

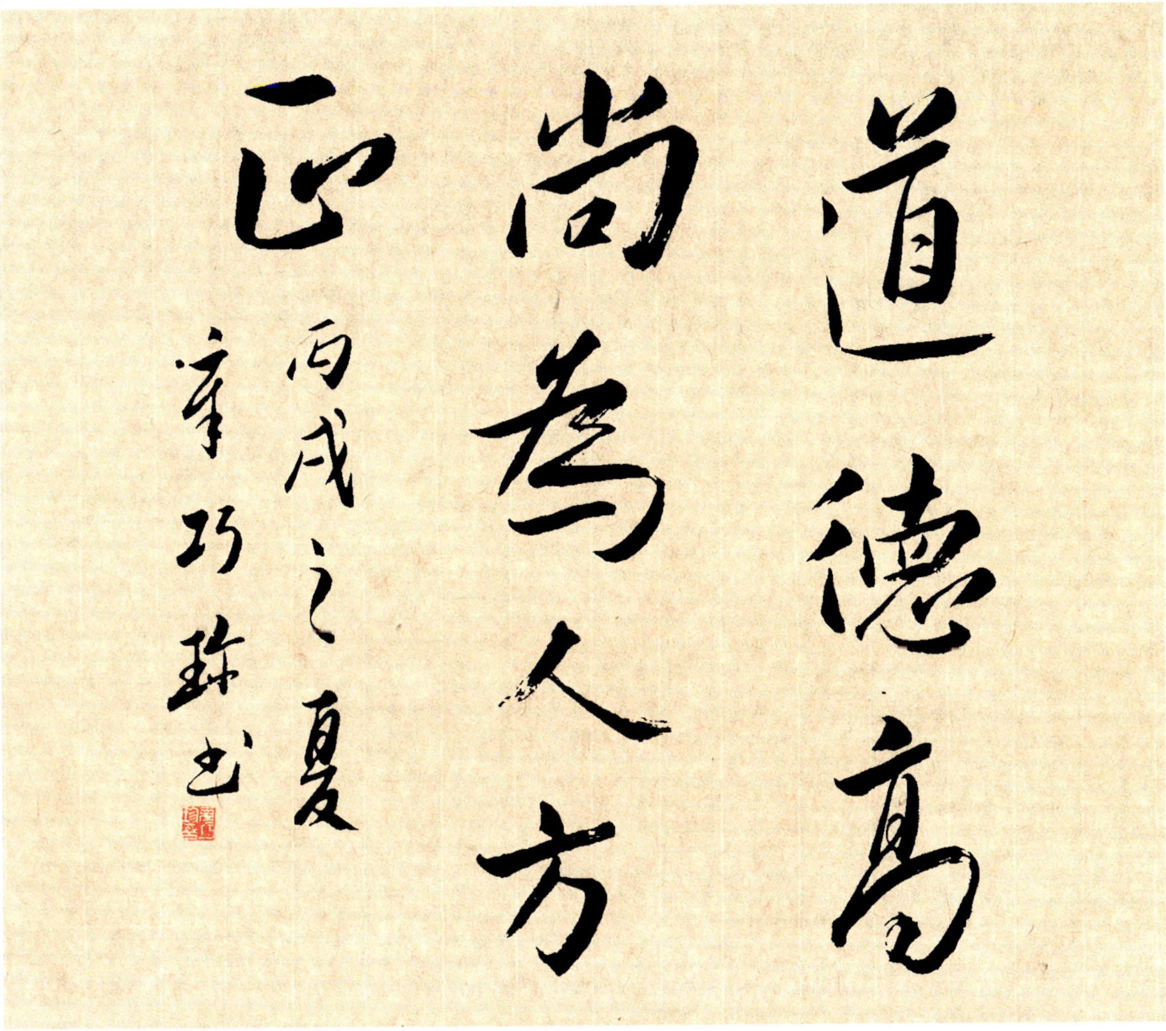
道德高尚
為人方正
丙戌之夏
章巧珍書

黄　君（北京华夏翰林文化艺术研究院院长）

我曾编一套名家诗词集，需要名家自选。但当时启先生的身体已经很不好了，所以不能完成这个工作。启先生的诗词很有特色，我为此写了一篇《论启功诗词的活化技巧和谐趣特征》，发表在北师大举办的一个国际论坛上。今天，我和启先生的一首《南乡子·颈架》。先生在患颈椎骨增生病时，写过一首《南乡子·颈架》词，词有小序云："禅宗六祖大鉴禅师卒后，有人悬二十千购其头。门徒已以漆布铁叶护其颈，偷儿刀斫，竟得不殊。余病眩多年，其症在颈，医制颈架，周竖铁筋，有感大鉴之事，因赋此词。请传衣钵者，下一转语。"其词为："大鉴有真身。漆布层层作领巾。夜半有人刀一斫，无痕。一个头颅二十缗。我眩发来频。颈架支撑竖铁筋。多少偷儿不屑顾，嫌昏。六祖居然隔一尘。"我试步韵和答一首："有病不在身。名利双双缚如巾。日夕迷茫尽缠绕，伤痕。多少愚氓系此缗。大智亦难频。四海滔滔死老筋。爱惜不知心放下，真昏。启老天机不染尘。"在艺术手法上也模仿启老的风趣幽默、大智若愚的境界。

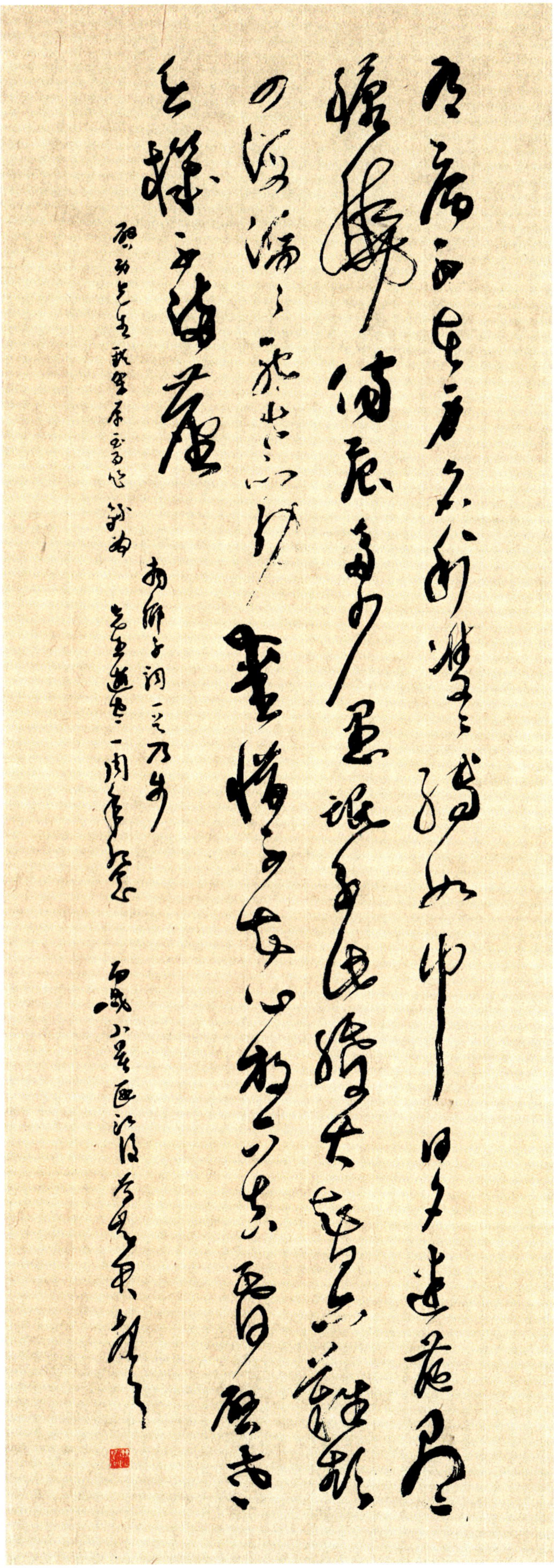

沈　莉（北京市朝阳区青少年活动中心书法学校校长）

去年的今天当我随着漫长的送别队伍，怀着沉重的心情走进启老的灵堂，看到完全消瘦的启老遗容时，我无法控制自己悲痛的泪水。启老走了整整一年了，然而他的音容笑貌始终萦绕在我的心中。我从心底敬重他，爱戴他。今天应邀出席缅怀启功先生逝世一周年座谈会，是再次向启先生学习的好机会，非常感谢中国艺术报和中国书协中央国家机关分会。

启功先生在北师大从事高等教育70年，他爱国进步、辛勤耕耘、严谨治学、奖掖后学的崇高风范和尊师重教、为人师表、虚怀若谷、淡泊名利的高尚品格不仅成为书画界同仁、更是所有教育工作者的精神引领。他对书法教育事业倾注了满腔热情、对后学的奖掖、帮助更是有目共睹、人口皆碑。过去20年了，一件小事让我难以忘怀。八十年代初，我在少年宫从事书法教学不久，我班的一个小学生费腾是启先生的亲戚。他到启先生家去玩时，启先生问他在学习什么，他讲课余时间还练毛笔字，当时启先生就让他写了写，然后特别仔细地询问了在哪里学，谁教的。最后，启老对费腾说，你要好好地跟沈老师学，她教得很好。启老还让费腾的家长转告我，有空到家里去玩。还说，现在教小孩子写字很不容易，现在教写字的老师太少了，小孩子应该从小学习写好字。当然我没有到家去讨扰，非常遗憾的是也失去了向启功先生问学的机会。但这件小事对我的影响很大，启先生与我这个无名小辈不认识，但他的言语中处处流露着对我们的关心。小孩子应该从小写好毛笔字这句话伴随我在普教岗位教学生写字近30年。为了教好写字，我以他的行为为示范、为楷模，努力地提升自我，为书法的普及教育做出自己的努力。启先生虽已去了，但他的精神永存。

张 飙（《中国艺术报》社长、中国书协顾问）

去年启功先生逝世，我代表中国书协撰了一幅对联，表达了对先生的敬仰之情。但觉得还有思绪没说完，于是又写了长诗“书神歌”。对先生的学识、敬仰、崇拜，都写在那里了。上周六，我参加了先生的骨灰安放仪式，感触良多。我把那天的和这一年来的感受，写成了一个“长短句”：

一言一笑拽心河，慈祥如昨，幽默如昨。长忆小楼谒师面，人意和，春意和。当日师家门若市，拜者也多，颂者也多。最敬师能心似水，也载轻波，也载磅礴。人生乱变情不变，爱自烁，目自灼。痛惜师去方一载，闲言有说，毁言有说。耳边如闻师寄语，墨须磨，剑须磨，人须磨。学问应高远，为人应淡泊，今日又忆师教诲，阴阳无隔，仙凡无隔。学师胸怀，学师雅量，默默耕耘即浩歌，翰墨人生路漫漫，清者自清，浊者自浊。

不多说了，我们要像启先生那样作学问作人。

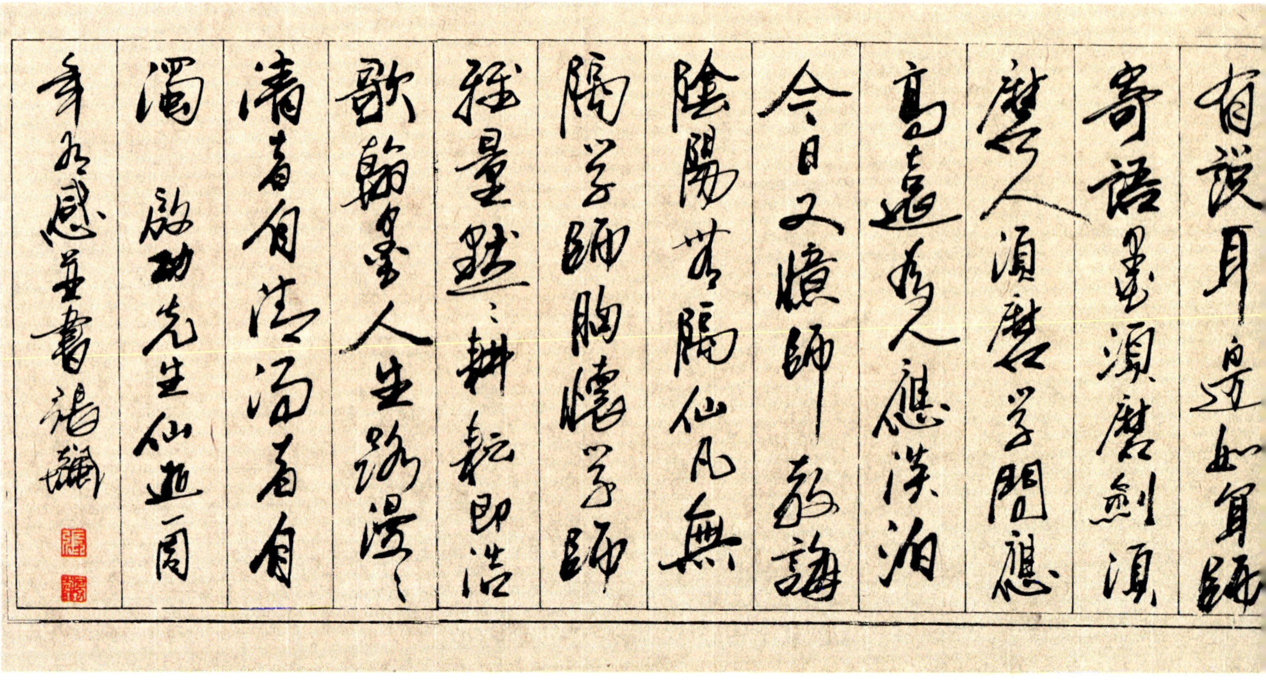

张飙作品

五一

一言一哭搣心河 慈祥如昨坐然 如昨喜临小楼湄 师面人意和喜意 和当曰师家门若 市祥者也多颂者 也多最好师能 心似水也载碧湄也 载磴磴人生乱寰 临不变爱自燃目 自约痛惜师去方 一载哭言居花悠言

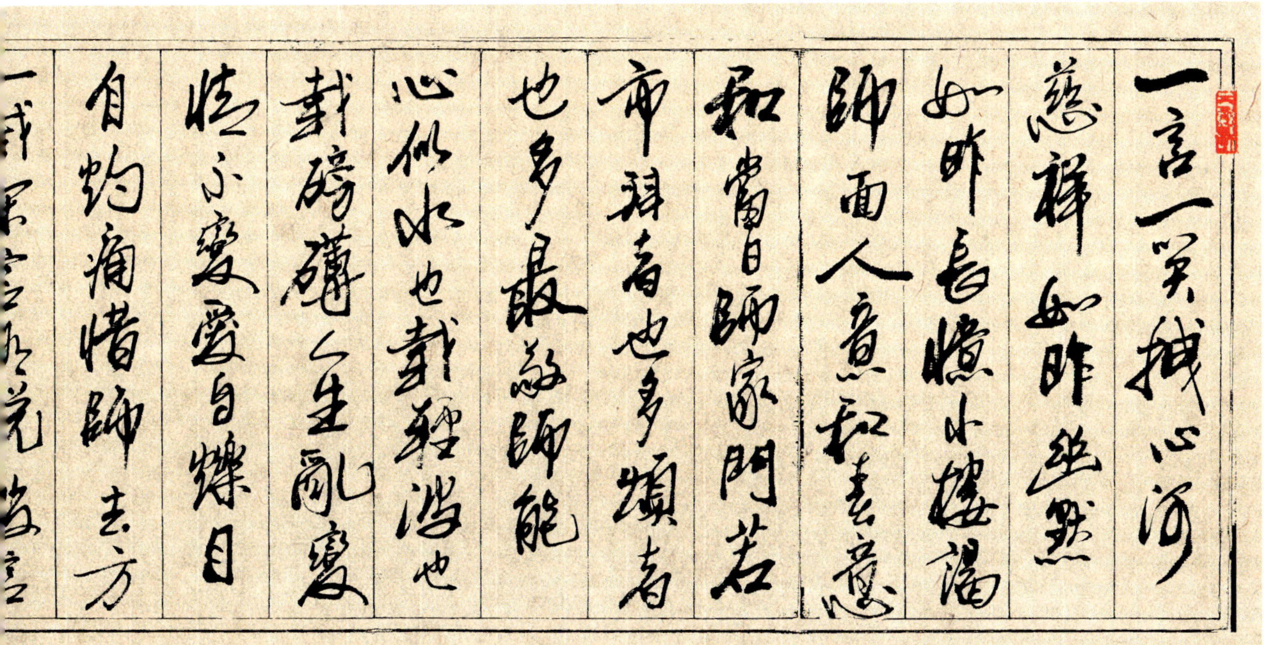

章景怀（启功先生亲属）

启老的博学和博爱留给我的印象最深。2004年年底，启先生的身体已经很不好了，就在住院前，苏士澍送来一万元稿费。启先生让我把这钱送到他的一个朋友家去，说是他爱人得了癌症。在这种时候，他还想着别人，可以说他自己的病都让他自顾不暇呢。启先生也不太把自己的作品当回事。十几年前，有个国家公务员向一些书画家索要字画，被公安局调查了。其中，也有启先生的。当时定罪都按索要作品折合的金额算的。调查到启先生这时，他说："我那个不值钱，那是送给他的。这不能算。"后来，启先生对我说："这时候我们不能落井下石。"现在我在整理启先生的遗物，最近要出一套《坚净居丛帖》，临写集10本，鉴赏集10本，收藏集10本。

张　飙：

非常感谢各位今天来到中国艺术报，大家来共同缅怀一位非常伟大的人物——我们敬爱的启功先生。大家共同回忆启功先生的点点滴滴。通过大家的回忆，我们又一次地感到了启功先生人格的伟大，又一次感受到了作为国学大师、书界泰斗，各个方面都很有成就的人，他的高尚的情操。大家又通过自己的构思，把这些思念和崇敬变成了诗词联赋或散文，再用自己的笔把它变成书法作品。通过这样的忆启功、写启功，又一次地学习了启功先生的高贵品质。当然，对启功先生的学习，这只是开始。启功先生的事迹，也绝不止是我们今天回忆的这一点点。我们书界知道一些，相信很多其它界别的人还知道得更多。但是有一点可以肯定，通过向启功先生的学习，能够提高我们的情操、净化我们的心灵、增长我们的学识。去年我写的缅怀启功先生的对联是："学为人师行为世范先生真写照，文乃诗圣笔乃书神后辈永楷模"。启功先生永远是我们学习的楷模。

谢谢大家。

编辑说明：

■ “忆启功，写启功，学启功”座谈会召开时，中国文联党组副书记、副主席覃志刚同志出差在外，写好了书法作品送来。他写的内容是：“能与诸贤齐品目，不将世故系情怀。谨书启功先生集联怀念启功先生。”

■ 中国书法家协会分党组书记、驻会副主席赵长青因事未能到会，送来了作品。他写的内容是：“昨日宗师驾鹤去，今夜晚辈梦仙归。深切怀念启功先生。”

■《中国艺术报》社顾问、中国书协理事、中国书协中直分会副会长张虎因出国，未能如会，事先留下了书法作品。他写的内容是：“建德修业成一统，从道问鼎无二人。启功先生无论在文学、历史、诗词、书画、鉴定诸多方面修养学识渊博，出语惊人，诙谐幽默，字斟句酌，耐人寻味，而又非常富于童心。每聆听而受益非浅。”

■ 中国文联办公厅主任、中国书协理事、中国书协中直分会副会长罗杨因事未能到会，事先送来了书法作品。他写的内容是：“行文深入浅出学术泰斗，写字平中见奇书道宗师。纪念启先生。”

■ 北京书协副主席谷溪出差在外，送来了书法作品。他写的内容是：“毫端书健有风神，写上百绝创意新。记得刀锋笔锋语，赏碑启翁迈群伦。观元伯先生论书绝句百首有感。”

■ 作品特刊于后。

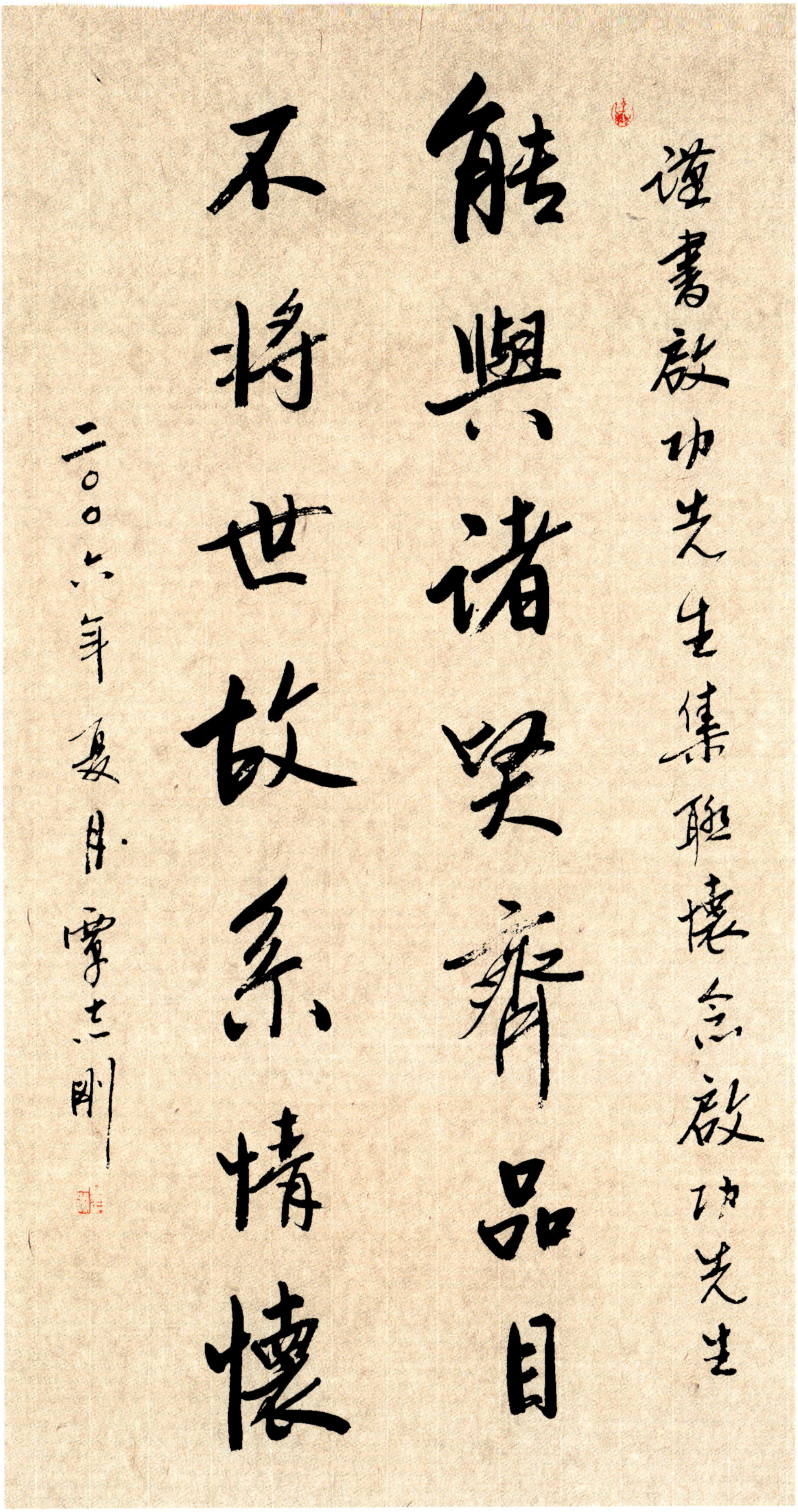
谨书启功先生集联怀念启功先生
能与诸贤齐品目
不将世故系情怀
二〇〇六年夏月覃志刚

昨日京师鹤

去今夜晚垂夺仙

归

深扣怅然启功先生

丙戌夏长清书

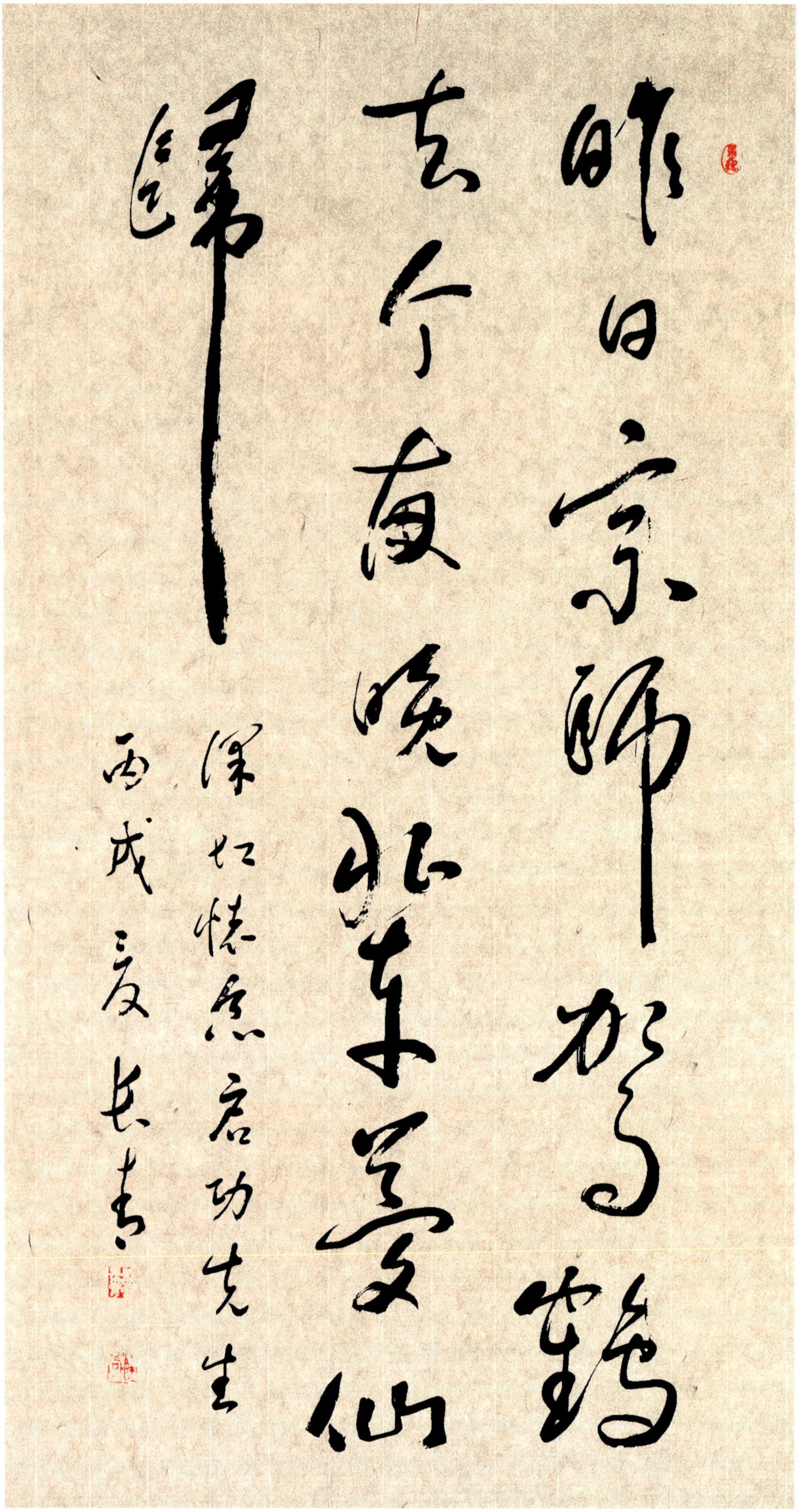

建德修業先重統

從道問鼎無貳人

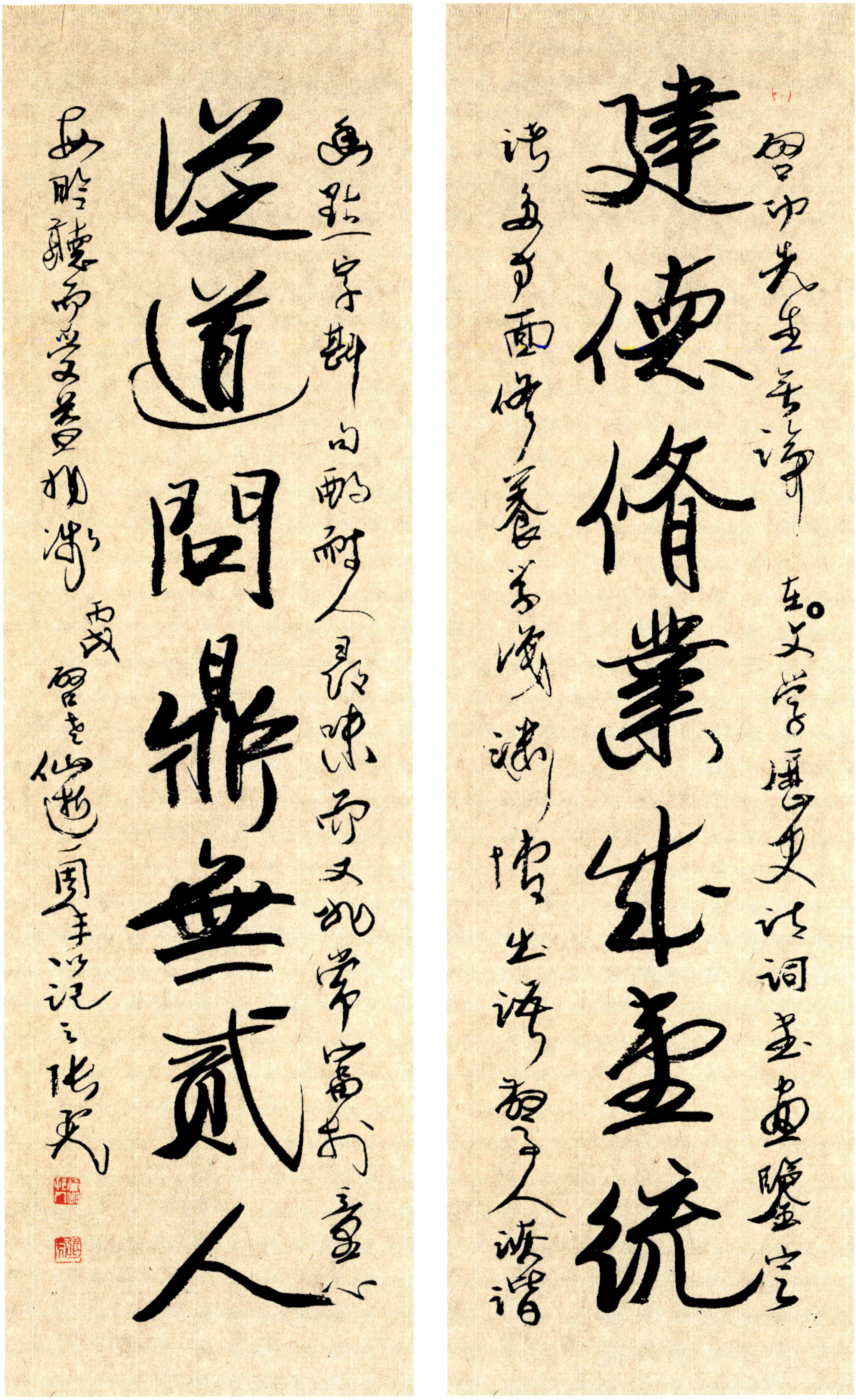

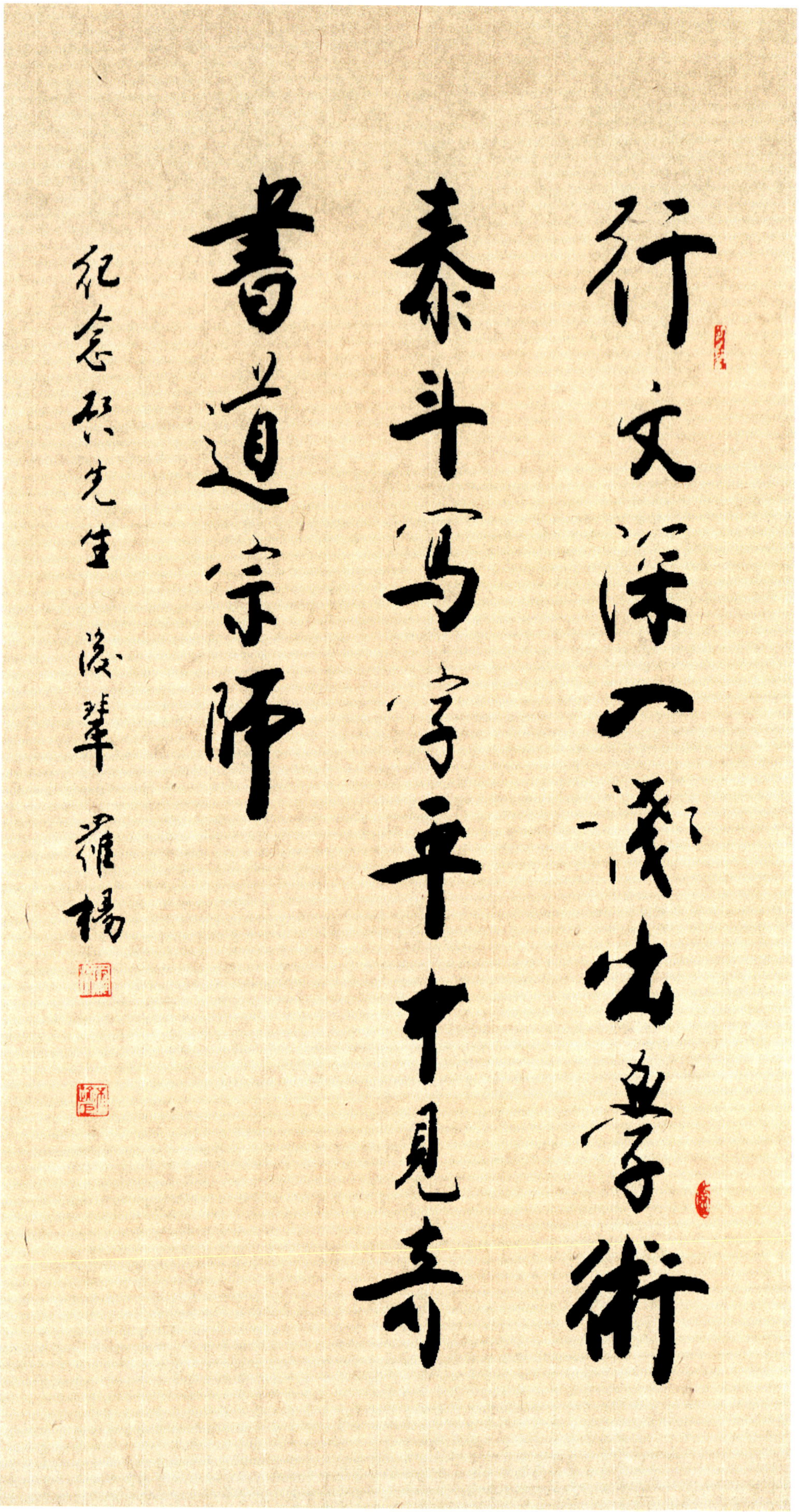
行文深入淺出學術
泰斗寫字平中見奇
書道宗師
紀念啟功先生 後輩羅楊

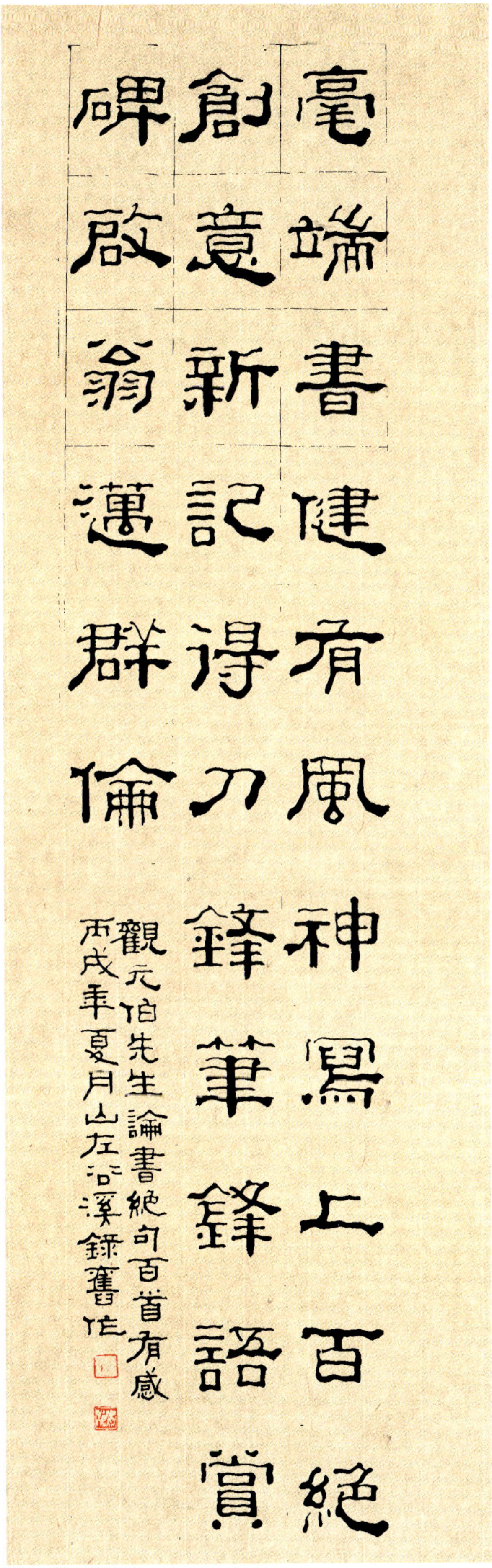
毫端書健有風神寫上百絕
創意新記得刀鋒筆鋒語賞
碑啟翁邁群倫
觀元伯先生論書絕句百首有感
丙戌年夏月山左谷溪錄舊作

书神歌——怀念敬爱的启功先生

■ 张 飙

秦时明月秦时关，秦时陶瓦秦时砖。秦时兵俑惊寰宇，秦时铁剑映云天。
秦王雄括六国土，秦相规铸天下钱。秦车神州统轴轨，秦尺华夏同方圆。
秦人伟功盖各方，未及一人声名传。史前文明宽宽采，身后文化尽尽绵。
亦官亦吏亦文客，半生尽将字划研。字划后人呼小篆，汉文同书开渊源。
壮士执笔胆如虹，骚客挥毫文蕴情。俗夫认字悄增雅，俏娘寄诗脸映红。
晋唐墨舞见啸鹤，汉魏毫飞腾巨龙。石金鼎骨撷天露，隶篆草行和彩虹。
二王雅韵达极致，颜柳欧赵各领声。帖法继承疑绝顶，忽然清代拓碑风。
李白沽酒书明月，东坡不醉书苍生。书神书圣贵何处？最贵我笔写我胸。
今日写胸谁圣手？异口同声推启功。书作书集几身高，字字燃烧映心泓。
夏日白云连翠微，美术馆里人声飞。突然好友传噩耗，启功先生驾鹤归。
虽知先生病已重，怎料今日竟不回！心房如雷泪如雨，先生旧事涌心扉：
先生巨星耀文化，德缘广厚艺神通。睹物能悟物理外，见表便知表其中。
治学举灯比皓月，研古为新重若轻。执笔五彩飞碧野，点墨竹影摇轻轻。
曾经浓墨洒雪雾，长教梅骨铁铮铮。或把金瑛鉴古玉，或让古韵奏今声。
起笔巨椽舞巨浪，落笔万马齐奔腾。奇笔飞龙走天外，观书令我魄魂惊。
诗文律议包万象，论书说法云观峰。晚年理论大成聚，书海茫茫竖明灯。
携扶后辈奖攀援，化雨春风点滴甜。曾听先生当面诲，谈吐旖旎动心弦。
曾请先生当面教，心广品高自因缘。曾听先生侃侃讲，三日悟超五十年。
白日聆听夜来记，高怀促我心潮翻。得遇名师平生愿，心心相随到天垣。
先生论书有百句，字字珠玑字字丹。下笔呼应结字省，悬针垂露重意连。
墨意萦带疏密间，承先启后自有源。有心万事无难易，意境只能妙悟参。
先生曾倡黄金律，独树一帜排众议。结体原来另规矩，从此异军兀峰起。
启体流传大众传，虚怀自谑馆阁体。书法无翅天下飞，先生字满神州地。
年华九旬浩然清，笑语漫言答流弊。鹰啄长空不须喙，击天自然松风曲。
一生慧心比稚童，一生所爱乃真情。炎黄至恋铸怀抱，中华书法照太清。
学师世范自实践，德馨艺致照乾坤。诗画随心已成圣，笔墨一代是书神。
先生回去华日新，我辈送行情意真。只是从此梦里聚，醒时怅怅无处寻！
恭送泪飞歌声起，清曲相伴送忠魂。我今献上书神歌，只表三春寸草心。

（原载《中国书法通讯报》）

翰海泰斗 学界丰碑 ——回望启功先生

李 妍

2005年6月30日凌晨，启功先生驾鹤西去。烈日炎炎，融不消学界惜别大师的冰冷；热风习习，拂不去书坛痛失泰斗的悲凉。从此后，书有疑义诉向谁？

作为饮誉海内外的中国书画家、国学大师、文物鉴定家和诗人，93岁的启功先生生前担任着全国政协常委、中央文史研究馆馆长、国家文物鉴定委员会主任委员、中国书协名誉主席、北京师范大学教授等职。在他长达70多年的艺术和教育生涯中，不仅在中国古典文学、文字学、历史学、文物、碑帖等诸多方面有精深研究，他的诗、书、画艺术创作更是炉火纯青、神采天成，深受海内外书画爱好者和收藏家的喜爱。

启功先生和本报有着非常友好的关系，他的许多大事小情本报都十分关注，每每报纸对他的活动有所反映，他都乐呵呵地说:“你们又给我刷色(shǎi)了。”记得2001年《启功书画集》出版时，200多名海内外名家云集人民大会堂。座谈会上，人们盛赞启功先生“诗书画三绝”。他的书法自不必说，正如黄苗子先生所赞：“是挤进法帖碑刻的夹层里，钻进二王、虞、褚、颜、柳、欧、苏的心脏里，打从每一幅字的一笔一划、一字一行的旮旯里提炼出来的。”启功先生的画也是“从学问修养中出来”的。他的画来自多年的画史钻研以及长期书画鉴定的陶冶，来自他对古代绘画丰厚的修养，对传统中国画哲理性的理解。他自己对画的论述就是“胸襟蕴蓄、不减敷文、发于笔墨，故能沉着痛快如此”。也正是这深厚渊博的文化底蕴，才使他的画是以画内之境求画外之情。他画竹挺拔遒劲、疏影横斜，使人如闻风吹修竹沙沙之声；他画山水更是水墨淋漓、云山雾境。他的诗文精妙而沉实。这些诗文有启功先生对世事的洞悉、对人生的品味、对艺术的探究和对自己内心世界的深刻剖析与叩问，哲理是深刻的，语言是幽默的，使人们在轻松和欢娱中受到教益。

然而，尽管启功先生的诗书画隽永而精妙绝伦，渊雅而古韵深厚，但却不矫揉造作，来自自然而作之自然，如他的为人一样，睿智而又平实，刚直而又谦逊。

人们对启功先生的人品给予高度的赞赏，认为启功先生端正、崇实，足称楷模，先生爱事业、尊师长、关怀学生。为促进祖国的教育事业，为报答著名史学家和教育家、北师大老校长陈垣先生的培育之恩，勉励后学青年奋发向上，1990年，启功先生义卖书画作品110多件，捐资160余万元，设立“励耘奖学基金”。奖学金以陈垣先生的书屋命名，旨在延绵陈垣先生励精图治、勤奋耕耘的教泽，继承和发扬陈垣先生的崇高师德。

如此慈心济世之事启功先生做过许多,他有着极强的平民意识，十分宽怀豁达。一直以来,先生对假冒他字画的行径从未公开指责，特别是那些街头巷尾靠摆摊卖字画为生的人，当有人说起这些人假造启功先生字画卖钱时，启功先生却同情地说，人家为了糊口罢了。但去年有一件事先生却有些“叫真”了。

记得去年年初，启功书法学国际研讨会刚刚结束，北京的一些媒体便爆出一则令人愤慨的消息——书法大家启功先生亲自认定是赝品的25幅书法，却被荣宝拍卖行当作真品以50万元拍卖了。我们听说启功先生对此事很生气，便前去探望，那一次我们心情沉重地望着坐在轮椅上、比以往孱弱许多的启功先生。他握着社长张虎先生的手说，你们不要参与了，听说这个人有“背景”。先生一如往日的谦谨，他说，我的字根本不值钱，我是中华人民共和国公民，受国家法律保护，如果有人无诚无信、触犯法律，自有政府与执法机关制裁。我们这张报纸历来对“背景”不信邪，于是我们次日便在报纸的头版头条刊发了《书画拍卖市场期待法律净化》的消息，文中毫不避讳地反映了读者的意见。首先，这25幅假字画事先已给启功先生看过，先生告诉他们都是假的。本人认定是假的东西，还以他的名义拍卖，这是否

“欺人太甚”了?其二，据悉此事中有关人士“和先生有多年交情”，被自己十分信任的朋友欺骗，素有儒学之风的老先生“太气了”，也在情理之中。其三，买卖字画与买卖萝卜白菜不同，其中多数人都以文化人自居，以与儒释道沾边为荣，而儒释道都倡导“德为先”、“仁为尚”。拍卖企业应该讲仁德、讲诚信。其四，启功先生是中外文化界颇具影响力的重要人物，尚且有人敢“泰斗头上动土”，那么试想，如果是一位民间无影响无头衔的艺术家，其合法权益将如何得到保护?启功先生一席话也反映了他的高风亮节和坚定信念，他相信我们的政府和执法部门会认真处理好此事。时过一个多月，本报编辑部突然接到有关部门的电话，询问这个消息是谁写的，笔者当时心中暗想，看来是磕碰了“背景”了。其实事情恰恰相反，原来是中央有关领导同志看到了本报这则消息，便当即在报纸上做出批示，请有关部门关注此事，给启功先生一个满意的回答。于是笔者才把心放下来，不胜感激地叹道，我们又为艺术界和启功先生做了件实事。但想起启功先生坐在轮椅上的情景，一种痛惜之情油然升自心底，笔者从来没见过启功先生像那日的情绪怅然，先生从来都乐观幽默、谈笑风生。

记得10年前本报刚创刊时的那次采访，我们在素朴的书房见到了启功先生。80多岁的老人鹤发童颜，依然如往日那样睿智、诙谐，简直像一位慈眉善目的笑菩萨。这位驰名中外的书法家、著作等身的学者，从没有像有些书家学者的那种矜持，所以面对启功先生我常常感慨：愈是在某个门类达到炉火纯青程度的人，就愈是虚怀若谷、本真自然；而愈是并不十分“到家”的人物，愈常常有一种莫名其妙的高深莫测和自我感觉良好。这在文化圈里几乎成为一种规律和定式。

这天在启功先生书房中，又是高朋满座，故宫博物院的、大专院校的、报纸刊物的。大家都希望与老先生多谈会儿，谁也不愿意因为有新客人到来而提早离去，于是便一并落座，与先生共同谈天说地。

与启功先生谈天儿自然要谈起书法，一位先生说是最近有人假造启功先生的书法，请教先生如何辨真去伪。先生马上说，这容易，凡是写得好的都是假的，把漂亮的挑出来，剩下的就是我的，“不伪而劣”嘛。说着先生朗声笑起来。那么您对现在有些人搞的“现代派”书法怎样看呢?这位先生又换了一个话题。启功先生一面让大家喝茶，一面郑重地说，书法艺术发展到今天，许多人进行了不少探索。在书法形式和理论上，近年来出现了一些创新的东西，事物处在发展中才能有活力，停留在原来的基点上就没有希望了。有人告诉我说，你这字是保守派的，是乾隆体。我并不在意，大家各有各的特点。于是我开玩笑说，我的字是蜈蚣体，蜈蚣就是那种多节的虫子，俗话不是也叫“钱龙”吗?我说我的字就和它差不多!说完启功先生又笑起来，脸上洋溢着一种孩童般的纯真。

启功先生接着说，说到写字，就要说说我的老恩师陈垣先生。他曾是辅仁大学最早的校长，在史学上的贡献是海内外久有定评的。我虽然没有听过他的课，但在初涉世事之时，就开始聆受他的教诲。他把我当自己的学生看待，他教导我怎样念书，怎样教书，要求十分严格。这对我以后从教和为人都受益匪浅。特别是他常说字写不好，学问再大也不免减色。这对我习字起了很大的督促作用。再有，我原无大志。小时候见祖父画画我很羡慕，心想，我如果做一位画家多清高，不仅自己能自食其力，而且画出来的画能够体现出自己的精神，是自己看得见摸得着的一种创造。后来习画，同时用功写字。但练书法是为了在画上题字。最初，有一位长亲要我为他画一幅画，但叮嘱我只画画不要落款。他说我的字写得不好看，希望请我的师傅替我写字，我觉得这对我是一种奇耻大辱，从此便开始好好写字了。

书法艺术是中国传统文化中很重要的一部分，多年来，启功先生在这方面做过深入研究。特别是在书法理论方面，提出了许多颇有见地的真知灼见。就这方面问题，我们请他接着谈谈。

启功先生说，关于书法我曾写了一些东西。中国自商周至现代，各种书法一直在发展、变化、革新、进步。从形式方面，有篆、隶、草、真、行种种字体。在艺术风格方面，各种不同时代乃至各个不同的书家又各有其特点，这便构成了书画艺术史上繁荣灿烂的局面。其中，不同的字体在写法上不大相同。

例如隶书，最初原是小篆的简便写法。把圆转的笔迹，改成方折。原来连续不断处，大部分拆开，再陆续加工，点画都具备了固定的样式和轻重姿态。这便是今天所见的“汉隶”。草书原有“章草”、“今草”之分。“章草”是汉代人把当时的隶书简写、快写而成的。“今草”是晋代以来的人逐步把“真书”简写、快写而成的。“章草”不但字形结构和点划姿势与“今草”有不同，而且字与字之间常常独立而不牵连。这也是章、今差别中的一种突出现象。

在座诸位对启功先生说他的字是“钱龙”体的机智、幽默嗟叹不已。说起乾隆，故宫博物院的那位先生抢着谈起了古书画来。他请教启功先生，目前故宫博物院所藏的展子虔的《游春图》是不是中国最古老的藏画。回答你的这个问题不是班门弄斧么，启功先生和善地笑笑说，展子虔的《游春图》上最醒目的证据是宋徽宗的题字，大小样式与宋画相同。因此，这幅画最早可追溯到北宋，当时宋画院曾仿过许多古画，不过，也都是根据原作模仿，不是凭空创作，所以展子虔的《游春图》应该是原画的样子，也应算是真的。但流传至今，这幅画肯定不是原件。我认为，传至今日最古老的画卷应当是古代画家赵干的《江行初雪图》，因为画上有南唐李后主的题字。

那么，怎样鉴定古书画呢?随我们一起来的一位年轻记者被启功先生渊博的学识所感动，忍不住问。先生耐心地谈了三点：首先要看这幅书画的时代风格，其次要看作品的笔墨和个人风格，这就需要对产生那幅书画的时代和个人有所理解和认识。最后他叮嘱不能只从纸绢和印章上来鉴定，因为现在还能找到乾隆纸呢。

说起书画鉴定，启功先生由于有着深厚的国学根底，加之他明睿天纵，使他有不少独特的心得，许多鉴定界越弄越糊涂的问题经他一点拨就通了。例如前几年他的一部《启功丛稿》问世，其中有一篇考据南宋画院中的“杨妹子”为何人?有些画人们都说是宋宁宗时杨皇后的妹子所作，俗称“杨妹子”，有人称为“杨娃”。启功先生根据宋代笔记及宋史本传，考证“杨妹子”即是杨皇后本人，而“杨娃”即“杨姓”之讹，使多少年来一段公案得以澄清。但他却在这本书的前言中把自己作的一首诗抄在上面，其中几句为：“检点平生，往日全非，百事无聊。计幼时孤露，中年坎坷，如今渐老，幻想俱抛。半世生涯，教书卖画，不过闲吹乞食箫。谁似我，真有名无实，饭桶脓包。偶然弄些蹊跷，像博学多闻见解超。”其实，启功先生的道德文章，书艺学问灼然可见，而他的这种情操使我想起一句话：“愈自重而愈不敢轻薄天下人，愈坚忍而愈不敢易视天下事，此之谓虚心之自信。”想来，启功先生正是如此。

我们又与启功先生谈起书法字体的演变、汉语言文字的规律、古汉语和现代汉语的分划等。先生引经据典，谈锋颇健。给我记忆最深的是谈到用典故对偶的问题，先生马上强调对偶可以丰富语言的内涵。一句话没说清，再配一句，把意思融化开，补充足，可以使人理解全面。并指着一盆刚送来的菊花脱口说出：“从菊两开他日泪，孤舟一系故园心。”然后分析对偶在杜甫诗中的作用，这位八旬老先生惊人的记忆和缜密的思维令在座诸公叹服不已。

记得那日启功先生还送给笔者一本书，其中的一首打油诗《自撰墓志铭》，笔者至今还能背之成诵：“中学生，副教授。博不精，专不透。名虽扬，实不够。高不成，低不就。瘫趋左，派曾右。面微圆，皮欠厚。妻已亡，并无后。丧犹新，病照旧。六十六，非不寿。八宝山，渐相凑。计平生，谥曰陋。身与名，一齐臭。”按启功先生的学问，许多人评价：高山仰止。然而，这充满幽默平实而又非同一般人心智的字句，含蕴了多少平民意识、多少虚怀若谷、多少对生命的冷峻思考以及洞彻人生的颖悟。

近日本报适逢创刊10周年，正在编辑的一套“文苑”丛书之中有一册为《名人谈艺》，满部璀璨，名家荟萃，启功先生的两篇力作《遵从法则不囿成见》和《淡静前无古率性作真书》也选在其中。昨日笔者在编校之中还对先生文章的字字珠玑、博古通今感佩不已，今日先生却仙逝善域，天地永隔！但笔者相信，像启功先生这样义到古人、名留青史的人物会永远与他念兹在兹的学术和艺术事业同在。

原载《中国艺术报》

图书在版编目（CIP）数据

书人雅集忆启功／张飙编.—北京：文物出版社，2006.11

ISBN 7—5010—2025—6

Ⅰ.书… Ⅱ.张… Ⅲ.启功（1912~2005）—纪念文集 Ⅳ.K825.72—53

中国版本图书馆 CIP 数据核字(2006)第 124881 号

书人雅集忆启功

主编：张 飙

文物出版社出版发行

北京东直门内北小街 2 号楼（100007）

http：//WWW.wenwu.com

E-mail：Web@wenwu.com

印刷：北京雷杰印刷有限公司

经销：全国新华书店经销

开本：889 × 1194　16 开

印张：4

版次：2006 年 11 月第 1 版第 1 次印刷

书号：ISBN 7-5010-2025-6 / K·1082

定价：68.00 元